Victor Barrucand

Le Chariot de Terre cuite

d'après la

मृच्छकटिक

PARIS
Albert Savine, Éditeur
12, Rue des Pyramides

Victor Barrucand

Le Chariot de Terre cuite

d'après la

मृच्छकटिक

PARIS
Albert Savine, Éditeur
12, Rue des Pyramides

LE CHARIOT DE TERRE CUITE

Représenté pour la première fois
sur le Théâtre de L'ŒUVRE
le 22 Janvier 1895

VICTOR BARRUCAND

LE CHARIOT
DE TERRE CUITE

CINQ ACTES

d'après la pièce du théâtre indien attribuée
au roi SOUDRAKA

PARIS
ALBERT SAVINE, ÉDITEUR
12, RUE DES PYRAMIDES, 12

1895

PRÉFACE

Sans me faire ici l'interprète de toutes les gloses intéressant le théâtre indien, je laisserai ceux qui eurent l'honneur de l'entreprise rappeler en quelles circonstances fut exhumée une dramaturgie précieuse, comme embaumée d'oubli.

L'existence d'un art dramatique particulier à l'Inde ancienne était absolument ignorée lorsque parut à Calcutta en 1789 un livre mémorable : SACONTALA *or the Fatal Ring, an Indian Drama by Câlidâs, translated from the original Sanscrit and Pracrit by* William Jones.

En préface le traducteur s'expliquait :

« Dans une des lettres qui portent le titre d'Édifiantes, quoique beaucoup d'entre elles fourmillent d'erreurs ridicules, et que toutes soient à consulter avec une extrême défiance, je lisais, il y a quelques années, le passage suivant : « Dans le nord de l'Inde, il y « a maints livres, nommés Nâtâcs, qui, d'après « ce que les Brahmes assurent, contiennent une « large portion de l'ancienne histoire sans nul « mélange de fable ; » et ayant un vif désir de connaître l'état réel de cet empire avant sa conquête par les Barbares du Nord, je fus très soucieux, dès mon arrivée au Bengale, d'accéder à ces livres soit au moyen de traductions s'ils étaient traduits, soit en apprenant la langue dans laquelle étaient composés les originaux... Mais quand je fus capable de converser avec les Brahmanes, ils m'assurèrent que les Nâtâcs n'étaient pas des histoires et abondaient en fables ; que c'étaient des œuvres extrêmement populaires et qui se composaient de dialogues en prose et en vers à réciter devant les anciens Rådjas en leurs assemblées publiques, sur une infinie variété de sujets et dans les divers dialectes de l'Inde ; cette définition ne me donnait nulle notion bien claire ; mais j'inférai que c'étaient des dialogues sur la morale et sur des lieux communs de littérature ; tandis que d'autres Européens, que je consultai, avaient conclu, de leurs conversations avec les natifs, qu'il s'agissait d'entretiens sur la danse, la musique ou la poésie. Enfin un Brahmane très éclairé nommé Rådhåcånt, qui a longtemps observé les mœurs anglaises, leva tous mes doutes, et me causa non moins de plaisir que de surprise en me disant que notre nation avait des compositions du même genre qui étaient publiquement représentées à Calcutta dans la saison froide et portaient le nom, d'après ce qu'il avait appris, de pièces de théâtre. Décidé à lire à mon loisir ce qu'il y avait de mieux parmi leurs Nátåcs, je demandai lequel était le plus universellement estimé ; et il me répondit sans hésitation, Sacontalâ, corroborant son opinion suivant l'habitude des Pandits par cette citation : « L'anneau de Sacontalâ, dans lequel l'acte IV « et quatre stances de cet acte brillent extraor- « dinairement, déploie toute la riche exubé- « rance du génie de Câlidâsa. » Je m'en procurai aussitôt une copie correcte et avec l'aide de mon maître Râmalôchan commençai à la translater littéralement en latin, langue qui, pour sa grande analogie avec le sanscrit, est plus convéniente qu'aucune langue moderne à une scrupuleuse traduction interlinéaire : je convertis alors mot pour mot ce latin en anglais, puis, sans ajouter ou supprimer aucune phrase importante, je dégageai ma version de sa roideur d'idiôme étranger, en vue de cette traduction fidèle du drame que je présente maintenant au public comme une très plaisante et authentique peinture des mœurs des anciens

Hindous et l'une des plus grandes curiosités, que la littérature de l'Asie ait jamais produites.

« La poésie dramatique doit être immémorialement ancienne dans l'empire indien : l'invention en est communément attribuée à Bheret, sage que l'on considère comme un inspiré, et qui inventa aussi un système de musique qui porte son nom ; mais cette opinion est rendue très contestable par l'universelle croyance que le premier vers sanscrit qu'aient jamais entendu les mortels fut proféré dans un accès de colère par le grand Vàlmic, qui fleurissait dans l'âge d'argent du monde et composa un poëme épique sur la guerre de son contemporain, Râma, roi d'Ayódhyà ; si bien qu'aucun drame en vers n'aurait été représenté avant lui ; et les Hindous ont une tradition, d'après laquelle la première pièce régulière, sur le même sujet que le Râmâyan, fut composé par Hanumat ou Pàvan, qui commandait une armée de Satyres ou Montagnards dans l'expédition de Rama contre Lanca : ils ajoutent qu'il la grava sur une roche tendre ; que, mécontent ensuite de son œuvre, il précipita cette roche dans la mer ; et que, bien des années après, un prince éclairé ordonna à d'adroits plongeurs de prendre sur la cire des empreintes du poëme, moyen par lequel le drame fut en grande partie restitué ; et mon Pandit m'assure l'avoir en sa possession. Qu'il ait été imaginé par tel ou tel, en telle, ou telle époque, il est très certain que ce genre de divertissement fut porté à une grande perfection quand Vicramaditya, qui régnait dans le premier siècle avant Christ, accorda son appui aux poètes, philologues et mathématiciens, dans un temps où les habitants de la Grande-Bretagne étaient aussi illettrés et frustes que l'armée de Hanumat : neuf hommes de génie, communément appelés les neuf perles, faisaient partie de sa cour, et y étaient splendidement et amicalement traités ; et Calidas est unanimement considéré comme le plus brillant d'entre eux. — Une épigramme moderne me fut récemment rapportée, qui fait tant d'honneur à l'auteur de Sacontala, que je ne peux éviter d'en donner une version littérale : « Poésie était la folâtre « fille de Vâlmic, et, ayant été élevée par « Vyâsa, elle choisit Calidas pour son époux « à la manière de Vidertha : elle fut mère « d'Amara, Sundar, Sanc'ha, Dhanic ; mais « maintenant, vieille et décrépite, sa beauté « fanée, et ses pieds sans ornements trébuchant « quand elle marche, dans quel « refuge dédaigne-t-elle de s'abriter ? »

« Les seules autres œuvres de notre illustre poëte, le Shakespeare de l'Inde, qui soient venues à ma connaissance, sont une seconde pièce en cinq actes, intitulée Urvasi ; un poëme héroïque, ou plutôt une série de poëmes en un livre, sur les enfants du soleil ; une autre suite, d'une parfaite unité d'action, sur la naissance de Cumâra, dieu guerrier ; deux ou trois histoires d'amour en vers ; et un excellent petit livre sur le mètre sanscrit, précisément à la façon de Térence ; mais certains pensent qu'il a revisé les œuvres de Vâlmic et Vyâsa, et qu'il en a établi le texte actuellement en cours et définitif.

« Il est enfin admis partout que son renom atteint presque celui de ces vénérables bardes ; et nous devons regretter qu'il ait laissé seulement deux poëmes dramatiques, alors surtout que son Raghuvança lui aurait fourni force excellents sujets.

« Certains de ses contemporains, et aussi des poètes hindous de notre propre temps, ont composé de nombreuses tragédies, comédies, farces et pièces de musique, que le théâtre hindou pourrait réunir en autant de volumes qu'aucune nation de l'Europe ancienne ou moderne. »

Le succès de Sacontalà fut très vif. Alors Gœthe, enthousiasmé par cette révélation d'un art antique en dehors de nos formules classiques, consacrait dans une épigramme la gloire du poëme de Kâlidâsa et s'en inspirait pour écrire le prologue de son Faust.

Il serait intéressant de rechercher quelle influence ont exercée les études sanscrites sur l'art romantique du commencement de ce siècle, et l'on verrait qu'en Allemagne surtout — mais de là rayonnant sur le monde — il y eut autre chose qu'un rapport fortuit entre l'esthétique nouvelle et la poétique de *Sacontalá;* on remarquerait aussi l'analogie de telles philosophies idéalistes avec la métaphysique indienne dégagée des formes religeuses; et l'enseignement de l'école Sankhya, pour qui les dieux, les religions, les sciences, les apparences du monde n'ont qu'une valeur symbolique et de transition, offrirait une équivalence inopinée des spéculations hégéliennes.

Après William Jones découvrant un monde inconnu, d'autres indianistes, au premier rang desquels Horace Hayman Wilson, précisèrent l'inportance de la conquête.

Dès l'année 1827 les *Select Specimens* publiés par Wilson permettaient d'apprécier, dans une vue d'ensemble, un art complet et très varié, avec sa poétique originale et ses classifications minutieuses et subtiles.

Le travail de Wilson translaté en français par Langlois est, malgré l'affadissement d'une version éloignée, un livre précieux. Publié en deux volumes chez Dondey Dupré (1828) sous le titre de *Chefs-d'œuvre du théâtre indien*, il contient le texte des six pièces suivantes : *Le Chariot d'enfant*, *Vikramorvaci*, *Malati Madhava*, *Suite de l'histoire de Rama*, *l'Anneau du Ministre*, *Ratnavali ou le Collier*. Une vingtaine d'autres productions dramatiques y sont analysées et des extraits en sent donnés. Le livre se complète d'une étude succincte et bien exposée sur les divers genres dramatiques. Cette étude est conforme aux traités poétiques qui sévissaient dans l'Inde et qui s'appliquaient méthodiquement à suivre l'allure fantaisiste du poète au moyen des classifications les plus ramifiées.

Les Hindous ont ainsi des traité spéciaux sur les sujets les plus libres qu'ils s'efforcent avec ingéniosité de ramener à la règle.

H. H. Wilson, dans la préface de ses *Select Specimens*, insiste comme il convient sur l'importance du théâtre indien qui mérite d'être étudié pour lui-même et pour la place qu'il doit prendre dans l'histoire de l'art dramatique.

« Les deux dramès publiés jusqu'à ce moment, dit-il, « Sacontalà » et le « Prabodha Tchandrodaya », *Le Lever de la lune de l'Intelligence*, ne sauraient donner une idée exacte du théâtre indien. Ils sont tous les deux une spécialité dans un genre différent : le dernier appartient à la classe des pièces indiennes métaphysiques, l'autre à celle qui est mythologique et pastorale. Mais ces deux variétés sont loin de représenter toutes les classes, tous les ordres d'ouvrages dramatiques. La différence étonnante qui se trouve entre ces deux compositions peut faire supposer l'extrême étendue du genre de littérature auquel elles appartiennent ; il est permis de conjecturer avec certitude que, là où se trouvent des distinctions aussi tranchées, on doit rencontrer un grand nombre de classes intermédiaires. Cette conjecture, en effet, est juste dans cette circonstance, et le théâtre indien fournit des exemples de drames domestiques et héroïques, de drames fondés sur des faits purement d'invention ou sur des traditions légendaires.

« En même temps, il y a quelques particularités propres à ce théâtre, qu'il est nécessaire de connaître, avant de pouvoir, avec sûreté, tracer l'histoire ou proposer la théorie du drame. Jusqu'à présent, les vues de tous les écrivains, à ce sujet, ont été circonscrites par l'usage que seuls ils avaient pu observer ; et leurs spéculations ont été fondées sur la base étroite que présentait la littérature théâtrale de l'antiquité classique.

Les œuvres des différents théâtres de l'Europe, bien que diversifiées par des traits nationaux, sont les enfants légitimes du drame classique. Quoique fort éloignés des pièces d'Eschyle et d'Aristophane, les mystères et les moralités sortaient des seules écoles où ces écrivains fussent étudiés. Étranger à la vie sociale, le cloître ne produisait pas de plus digne moisson que ces compositions grossières et absurdes. Telles qu'elles sont cependant, elles forment la chaîne qui unit les ouvrages de Shakespeare, de Lope de Vega et de Racine avec les chants de Bacchus et les monologues de Thespis.

Quels que soient les qu[alit]és ou les défauts du drame indien, on peut assurer avec certitude qu'il ne vient pas de cette source : c'est une production véritablement indigène. Que la science des Indiens se soit enrichie des découvertes modernes faites dans d'autres pays ; que leurs légendes mythologiques aient été empruntées au paganisme ou au christianisme, il est impossible qu'ils aient pris leurs compositions dramatiques aux peuples modernes ou à l'antiquité. Les nations de l'Europe n'avaient point de littérature dramatique avant le quatorzième ou le quinzième siècle. A cette époque le drame indien était déjà sur son déclin. La littérature mahométane n'a jamais connu les écrits de théâtre, et les conquérants musulmans de l'Inde n'ont pu communiquer ce qu'ils n'ont jamais possédé. L'histoire ne nous apprend pas que de semblables délassements aient été jamais naturalisés anciennement chez les Perses, les Arabes ou les Égyptiens; et les Indiens, s'ils ont reçu des leçons, n'ont pu les devoir qu'aux Grecs et aux Chinois. La lecture des pièces indiennes prouvera combien peu il est vraisemblable qu'elles aient été empruntées à l'une ou à l'autre de ces deux nations: si l'on en excepte un petit nombre de traits communs, qui devaient nécessairement se ressembler, elles présentent des différences caractéristiques pour la conduite et le plan qui prouvent évidemment que le dessin en est original et l'exécution uniquement indienne.

« Ce théâtre appartient à cette division de l'art dramatique, que les critiques modernes sont convenus d'appeler *romantique*, par opposition à ce que quelques écoles ont jugé nécessaire de nommer *classique*. M. Schlegel avait déjà remarqué que *Sacountalá* devait être rangée dans le domaine de la littérature romantique, et qu'on aurait pu soupçonner le traducteur de s'être laissé influencer par son amour pour Shakespeare, si d'autres orientalistes n'avaient pas déposé en faveur de la fidélité de sa traduction. »

Cette originalité du théâtre indien, que revendiquait Wilson, a été le sujet des plus vives controverses. Dans leur acharnement à tenir pour ou contre l'influence grecque, des hommes déjà mûrs et poussiéreux de science ont échangé des mots vifs. On consultera, pour les résumés de ce débat, l'excellent ouvrage que M. Silvain Levi, maître de conférences à l'école des Hautes Etudes, a publié sur le Théâtre Indien (1). M. Silvain Levi conclut ainsi l'impartial exposé des opinions accréditées :

« Le raisonnement, comme les faits, dément

(1) *Le Théâtre indien.* — Emile Bouillon, éditeur. — 1890.

l'hypothèse de l'influence grecque ; le goût, arbitre douteux, mais contrôle efficace, s'accorde aussi à la repousser. Les littératures savantes de l'Europe, créées ou remaniées sur le modèle des classiques anciens, nous ont familiarisés avec les caractères ordinaires de l'emprunt : il ne se devine pas, il éclate ; il ne se cache pas, il s'avoue orgueilleusement. L'admiration de l'œuvre originale qui provoque l'imitation, porte l'imitateur à la copier avec une fidélité presque servile ; il peut essayer d'adapter son modèle au goût du temps et du pays, de le naturaliser par une transposition habile ; il ne réussit pas, il ne cherche pas même à en effacer les traits principaux. Les sujets, les sentiments essentiels, l'allure générale de l'action ne se modifient pas. L'œuvre et le souvenir de Guilhem de Castro auraient pu périr, l'inspiration espagnole du Cid n'en aurait pas été moins certaine ; Racine prouverait encore Euripide, si la tragédie grecque devait disparaître un jour. Les érudits n'auraient pas besoin de recourir à des démonstrations laborieuses ; les œuvres parleraient seules. Quand nous aurions échoué à réfuter les défenseurs de l'influence grecque, nous continuerions cependant à nier leurs doctrines ; la nature de leurs arguments suffirait encore à les condamner. »

Mais si l'originalité des poètes indous n'est plus en cause on ne voit pas qu'ils aient rien gagné à cette attestation de la science moderne.

Moins aujourd'hui qu'au temps de Gœthe, on s'inquiète du théâtre indien ; son histoire se poursuit laborieusement dans les bibliothèques ; les traductions annotées s'ajoutent aux traductions commentées, sans hausser le niveau de l'art accepté. Et ce n'est point un fait d'ignorance : après la divulgation des textes, l'art d'un Kâlidâsa, d'un

Bhavabhouti ou d'un Srî Harchadeva semble encore fermé pour nous ; l'étude approfondie du théâtre indien impose la conviction que cet art languissant ne s'adresse plus qu'à notre curiosité littéraire. Mais où voit-on, malgré l'entraînement classique que l'art intégral des grands tragiques nous soit plus accessible? Sans médire de Sophocle, on peut penser que les caractères du théâtre indien sont dans leur complexité beaucoup plus près de nous émouvoir que les « profils grecs ». Dans un théâtre qui repose le plus souvent sur le sentiment, la verbosité n'est qu'accessoire. Comment n'y trouverions-nous pas des êtres sympathiques, tout près de nous par le cœur? Il ne faut qu'écarter ou plus gracieusement draper le voile de rhétorique fatiguée dont ils s'enveloppent.

C'est ici de la traduction vraie où l'esprit doit parler à l'esprit.

Que dans quelques saillies, le caractère

général d'un personnage soit apparu nettement et véritable, il ne faut plus que lui conserver cette allure avec toutes ses souplesses et tous ses reflets.

Ce n'est point là une simple besogne littéraire, et pour rechercher avec bonheur la vie mystérieuse des choses passées, encore faut-il y être poussé par quelque sympathie. Cependant je pourrais citer l'exemple des grands imitateurs, Shakespeare, Corneille, Racine, Molière, La Fontaine.

C'est parce qu'ils savaient combien leur sensibilité acquérait une qualité rare en se greffant sur des inspirations étrangères qu'ils consacraient leur imagination créatrice à des imitations. Un des plus grands poètes de l'Inde, celui auquel la tradition attribue le MAHABARATA porte un nom, VYASA, qui signifie le compilateur; d'où l'on peut conclure que nos graves questions de propriété littéraire sont aussi des affaires de boutique.

Désireux d'intéresser le public tout entier à quelque chef-d'œuvre de l'art dramatique des Indous, j'ai choisi la *Mricchakatika* parce que ce vieux drame de propagande bouddhique attribué à un personnage légendaire dont on a fait un roi, le roi Soûdraka, c'est-à-dire *qui appartient à la classe des artisans*, conservait encore un esprit militant d'un intérêt actuel, bien recevable dans notre société organisée, hiérarchisée, basée sur les privilèges et le monopole, comme l'était l'Inde brahmanique ; à cette différence que l'Inde se réclamait de l'autorité divine vivante et agissante en un système de castes, tandis que les formes modernes empruntent leur prestige à la souveraineté du peuple : mais ce n'est peut-être là qu'un jeu de mots.

Qu'on m'entende : je n'ai point voulu diriger les flèches du Soûdra contre les institutions occidentales ; l'ironie, c'est qu'elles y atteignent ; j'ai seulement pensé qu'un drame moral par le côté humain comme la *Mricchakatikâ*, qui était chez les Indous du genre *prakarana* et de la troisième espèce *samkirna* (mêlée), pouvait être ressuscité, tandis que d'autres genres plus élevés, le *nâtikâ* par exemple (comédie héroïque), ou le drame mythologique n'avaient plus qu'un intérêt rétrospectif et ne devaient point être distraits de leur immobilité.

La *Mricchakatikâ* a plusieurs fois été traduite ; d'abord par Wilson en tête de ses *Select Specimens*, puis directement du sanscrit en français par M. Hippolyte Fauche et plus tard par M. A. Regnaud. En 1850, MM. Méry et Gérard de Nerval en donnèrent une imitation versifiée qui fut représentée sur le théâtre de l'Odéon. M. Fauche reprochait aux imitateurs le titre de traduction dont ils s'étaient servis, sans doute par licence poétique, et les accusait aussi d'avoir jeté sur l'éclat du texte original une belle potée de cendres.

En 1872, M. Michel Kerbaker, professeur de sanscrit et de grammaire comparée à l'université de Naples, auquel on doit d'intéressants travaux philologiques, publia une version en prose et vers libres du premier acte de la Mricchakatikā (il Carruccio di Creta) accompagnée d'une introduction où il s'attache à démontrer que l'épanouissement d'un art dramatique très humain fut, au pays des mythologies et des épopées, une véritable renaissance littéraire, amenée par l'influence du Bouddhisme, et non sans rapport avec notre art contemporain épris terrestrement de souffrance et de rêve, issu lui-même du mouvement social provoqué par les Encyclopédistes libertaires.

La thèse de M. Kerbaker aussi rigoureuse que toute autre de cet ordre a l'avantage d'expliquer d'une façon concluante les tendances de la Mricchakatikā, ce drame de régénération morale, inattendu dans l'ancienne histoire.

Il semble seulement que le philosophe aurait pu renforcer l'évidence de sa conclusion par un examen étendu à des époques nombreuses.

Quoi qu'il en soit, les idées bien nettes de M. Kerbaker sur le drame indien, et plus spécialement sur la pièce dont je me suis inspiré, offriront au lecteur une opinion déterminée dont il pourra tenir compte dans l'appréciation de mon texte; et par cette étude du vieux drame royal les critiques avertis éviteront aussi l'erreur commise en 1850 par M. de Pontmartin dans son feuilleton de la Revue des Deux-Mondes, quand il reprochait aux poètes Méry et Gérard de Nerval le sentiment populaire et, disait-il, *républicain* de leur « Chariot d'Enfant » comme un anachronisme insupportable et lésant la majesté du roi Soûdraka.

Voici un aperçu des considérations de M. Michel Kerbaker :

La littérature dramatique de l'Inde accompagne la diffusion du Bouddhisme, cette révolution religieuse et civile, qui, longtemps prévalante, constitue en quelque manière le moyen-âge indien, compris à peu près entre le V° siècle qui précède l'ère vulgaire et le siècle IX ou X.

Le Bouddhisme substituait la révélation intérieure à l'autorité de la sagesse extrinsèque ; il opposait à l'ordonnance des castes étroitement liée avec la théocratie brahmanique la rédemption des plèbes par la sélection libre ; il répudiait la conception de l'âme universelle pour l'idée du monde fortuit, irrationnel et inconscient ; il contrastait aux lois téléologiques de la transmigration fatale à travers les degrés successifs de l'existence par le dogme du Nirvanâ, c'est-à-dire l'indépendance absolue de l'être pensant qui peut avec son énergie morale se libérer des douloureuses attaches d'une vie transitoire et inutile pour se réfugier dans la tranquillité du Rien. Une telle doctrine devait créer une littérature différente de la brahmanique, une littérature profane accommodée aux exigences matérielles, peu ou point inspirée des principes spéculatifs transcendantaux et du culte idéal des mémoires passées.

La conception religieuse et philosophique qui soumet toutes les misères et les fautes de l'humanité à une cause extérieure rationnelle et cosmique est au plus haut degré épique et sublime, mais nullement dramatique. Au contraire la liberté matériellement déterminée, comme l'entendaient les bouddhistes et les disciples de Kapila, est très favorable au développement et à l'étude des caractères.

La morale du Bouddha, pratique, positive, intéressée au bien social, est en opposition avec la morale des brahmes, contemplative, patiente, ascétique et hypermystique ; elle affranchit les hommes d'une double servitude :

en émancipant leur esprit de l'autorité écrite et des traditions, elle suscite hors la négation de tout ordre préétabli le principe de l'égalité et de la solidarité de tous contre les distinctions et privilèges de caste. Le monde devient alors un lieu de consolation où tous les souffrants, oubliant un égoïsme étroit et les préjugés sociaux, se rapprochent et compatissent dans la commune instabilité.

Qui est plus libre, plus humain et plus désintéressé que l'être réfugié dans la vie après avoir brisé les liens de l'espérance lointaine ? Alors le suprême critérium moral, c'est l'amour de l'être semblable. De ce principe on peut dériver les situations dramatiques les plus variées et les plus étonnantes, par le contraste des sentiments généraux et des instincts particuliers, par l'opposition de la libre loi intérieure aux exigences de la vie sociale organisée. L'enthousiasme qui se manifestait pour l'œuvre divine s'applique avec plus d'intérêt à la force du caractère et à la vertu de l'homme ; le sentiment des malheurs humains se convertit en haine et mépris pour les méchants qui dans leur inconscience en sont partiellement cause.

C'est vraiment une chose remarquable que la liberté antibrahmanique avec laquelle le drame indien place souvent le mérite personnel au-dessus des titres légaux de la richesse et de la naissance, exaltant les petits et les faibles et couvrant de ridicule les personnages honorés et qualifiés. Et d'ailleurs l'*Ouparoupaka*, célèbre traité du drame, ne mentionne-t-il pas à côté des autres genres, le *Prasthâna*, drame de la canaille, des esclaves, des tchândâlas et des parias ?

L'égalité de tous les hommes devant la loi d'amour est proclamée tout au long de ce drame (*Mricchakatikâ*) inspiré du sens le plus net de la morale bouddhique qui place la charité avant toutes les prescriptions légales. Le protagoniste de la pièce, bien que brahmane de naissance, nous apparaît comme un des plus fervents et sincères prosélytes de cette religion philanthropique. Doux, tolérant, généreux, charitable, il est sensible à toutes les douleurs de ses semblables. Dans l'amour, dans la compassion, dans le pardon, il veut qu'on cherche le remède à toutes les inégalités, aux préjugés sociaux, aux inimitiés, aux cruelles méprises et aux mutuels outrages dont les hommes s'affligent. A bon droit Klein affirme que dans toute la poésie dramatique il est difficile de trouver un caractère qui se puisse comparer à celui de Tchâroudatta pour un équilibre si heureux entre la passion profonde et la philosophie douce, sinon peut-être *Nathan-le-Sage* de Lessing.

Le caractère de Vasantasenâ est également bien conforme à cette morale intérieure qui base toute vertu sur la sensibilité affective. Par contre l'illustre Samsthânaka, le beau-frère du roi, associe en sa personne les plus mauvais instincts : couardise, bêtise et cruauté. — A côté de ces caractères, il en est d'autres plus complexes, ni bons, ni mauvais, toujours curieux par le sentiment vrai.

Cet aveu des contradictions humaines en l'absence d'autorité divine dominant les personnages, apporte dans le discours un style éloigné de la simplicité pompeuse du drame classique : c'est le ton de la conversation, varié, plaisant, grave et léger, pathétique et trivial, épigrammatique et sarcastique, avec une intention de dire qui laisse entendre plus qu'elle n'exprime. Ainsi l'amour le plus passionné s'enveloppera des apparences de la galanterie scrupuleuse et les sentiments de haine et de mépris emprunteront le langage à mots couverts d'une ironie égratignante.

« En reconnaissant que la Mricchakatikā possède à l'égal de quelques drames modernes une admirable force dramatique, il faut aussi confesser que l'effet en est tant soit peu scandaleux et subversif de cette morale civile et positive sur laquelle est fondée l'État et la famille. Cependant qu'on exalte les larrons et les pécheresses, on laisse de côté, humiliés et découragés dans leur solitude, des hommes probes et sages, des femmes modestes et d'intérieur.

« Mais comment s'est produit ce conflit entre la morale intérieure et la morale officielle, entre le sentiment et la loi ?

La cause de ce fait qui se reproduisit, avec des différences nécessaires, dans des pays et des temps si distincts, c'est le principe humanitaire absolu, proclamé dans l'Inde par le Bouddha, en France par la philosophie déclamatoire et sentimentale des Encyclopédistes. L'évolution du sentimentalisme moderne théophilantropique confine en bien des points la doctrine du Bouddha. Le Bouddhisme, sans tenir compte du progrès historique et providentiel qui admet la nécessité des maux sociaux, en raison du bien futur réalisable seulement en des améliorations successives, vise par excès sentimental à la guérison de toutes les douleurs et à la réparation de toutes les misères en substituant à la justice civile la charité sans bornes... »

L'antagonisme entre la charité et la justice, entre le sentiment humanitaire et la loi civile se manifesta très grave avec la propagation de la foi nouvelle. Les *Soûtras* bouddhiques rapportent souvent le fait de délinquants manifestes recueillis et protégés contre le droit rigide de la justice sociale au nom de l'amour universel par le très pieux maitre appelé avec raison *Sougata* ou Bienvenu. Le Bouddha ayant à répondre aux reproches des brâhmanes qui l'accusaient de recevoir un bandit parmi ses disciples se manifesta dans la parole fameuse : « Ma loi est une loi de salut pour tous. » Ne recherchant pas les passés traversés, s'appliquant seulement à la détermination de la vie à venir et substituant à la justification légale la conversion spirituelle, la nouvelle doctrine groupait toutes sortes de prosélytes et portait dans tout pays où elle entrait une vraie révolution.

Dans les édits lapidaires du roi Açôka, expliqués par Prinsep, entre autres ordonnances philantropiques, l'abolition de la peine de mort est proclamée. Les grands jardins fruitiers à l'usage commun, la profession honorable de mendiant, les immenses couvents, disons phalanstères, dans lesquels des milliers de religieux étaient nourris, la douceur extrême ou l'absence des lois pénales... démontrent à quel point le Bouddhisme a réalisé les utopies humanitaires, non sans écorner un peu la morale civique.

« Un tel système étant admis rend possible ce contraste si remarquable dans les écrits des modernes poètes romanciers et dramaturges pour lesquels une vertu particulière se développe au milieu de la plus profonde abjection; des hommes scélérats et corrompus deviennent capables des déterminations les plus généreuses ; la courtisane devient une héroïne d'amour ; le malandrin et le bandit, les vengeurs des injustices sociales. Par contre est écartée ou taxée de froideur et d'hypocrisie la vertu légale ou titrée, uniforme, constante, paisible, obéissant aux ordonnances civiles. Le critérium éthique est laissé au jugement de chacun avec la formule: « Que chacun fasse pour autrui ce qu'il voudrait qu'on fît pour lui »... En fin de compte la morale devient ainsi une question de goût et de tempérament. Et justement nous trouvon dans la Mricchakatika écrite sous l'influence du Bouddhisme la libéralité des voleurs qui dérobent dans une bonne intention, l'amitié et la fidélité à toute épreuve des débauchés, l'amour très pur des courtisanes, la ridicule sottise et l'incapacité des magistrats, et ainsi du reste. »

« Il semble presque que la partie bonne de la nature humaine ait besoin pour resplendir dans toute sa lumière de se détacher sur le fond mystérieux de la plus complète dissolution sociale... »

« En d'autres temps et ailleurs se vérifia cette excessive glorification de l'individualité dans l'éloignement et la défection des pactes sociaux et des lois civiles, mais nulle part comme dans l'Inde bouddhique elle n'apparut aussi vive et détachée; jamais elle ne pénétra plus profondément la conscience populaire que lorsqu'elle y fut portée par l'enseignement religieux. A cause de ces considérations, il semble que la *Mricchakatikà* ne soit pas dans sa conception plus morale que les drames à la Victor Hugo et à la Dumas bien qu'une éthique resplendisse partiellement dans le caractère individuel des principaux personnages : Tchâroudatta est un philantrope sublime, il l'est même trop, pour un mari et un chef de famille quand sa charité le porte à gaspiller son patrimoine en libéralités de toutes sortes et quand il répond avec sympathie au parfait amour d'une belle et très gracieuse prostituée. »

Dans un extrait documentaire comme celui que j'emprunte à l'érudit professeur italien, je néglige à dessein de mentionner les réflexions morales qu'il oppose aux licences bouddhiques, car ce n'est point ici le lieu de discuter la morale positiviste que préconise M. Kerbaker. Il convenait cependant de signaler cette contradiction. Après avoir insisté avec complaisance sur les états psychologiques de la pièce indienne, il en apprécie les tendances : « ... on peut bien louer le drame comme un tableau fidèle d'un état social donné, gâté et dissolu, mais non pas comme une école de morale. La morale doit résulter d'un accord tempéré de la loi civile avec l'équité naturelle, de la justice avec la charité, de la raison avec le sentiment. Attribuer une excessive autorité ou prédominance à l'un ou l'autre des deux termes est également préjudiciable à la vie publique et aux coutumes. — Il se peut ainsi que, par une excessive réaction contre la tyrannie des lois sociales, on se précipite dans l'extrême opposé de l'éthique sentimentale et humanitaire grâce à laquelle il n'y a pas de vice ou difformité morale qui ne se puisse *racheter* et remettre en honneur. »

Quant à la forme, la Mricchakatika, comme toute autre comédie indienne, est un vrai mélodrame ou, disons mieux, une œuvre mêlée de prose récitée et de vers déclamés. Le mode suivant lequel l'élément lyrique s'entrelace avec le dramatique est propre aux Indiens ; il n'a rien de commun avec le Chœur du théâtre grec.

Le dialogue se développe le plus souvent en prose, et retenant l'usage du sanscrit pour les premiers personnages, il exprime les autres rôles et le langage des femmes en des prakrits variés avec la tournure de phrase spéciale à chaque classe et suivant l'usage des pays, imitant avec beaucoup de fidélité le ton de la conversation ordinaire. Mais cela n'empêche pas qu'un interlocuteur quelconque puisse au milieu de son discours se recueillir un instant et soudainement se manifester dans une pensée, disons un motif poétique, correspondant à son état sentimental ; ce sera une comparaison, une sentence, une image gracieuse, une pointe épigrammatique, exprimée en une sorte de strophe spontanée.

Le style contemporain se garde soigneusement de toute couleur un peu fleurie et de toute intromission poétique dans la comédie, en arguant d'un certain souci de la vérité et des convenances ; il semble qu'on accueillerait mal ces personnages qui dans l'allure journalière ou emportés par le mouvement des passions auraient la complaisance de s'occuper des fleurs, des arbustes, des brises, des astres et de la lune. Mais sans dire qu'il y ait là une question de goût difficile à résoudre, on peut aussi mettre en doute la vérité de notre réalisme prosaïque. Absorbés dans les calculs et les négociations d'une vie artificielle nous nous sommes peut-être écartés d'un art plus sincère et ingénu, fidèle interprète des sentiments humains. Nos dramaturges, qui dans leurs scènes ne dépassent pas le ton des conversations de boudoir, de café, ou l'éloquence des discussions judiciaires en donnent pour raison la nécessité d'écrire vrai. Est-il vraisemblable, disent-ils qu'un homme excité par la passion ou accablé par les affaires s'arrête tout à coup en face de son interlocuteur et lui présente galamment une belle fleur de rhétorique, ou qu'il chante son motif, qu'on le veuille entendre ou non.

Il suffira de rappeler que la véritable imitation dramatique consiste à exprimer la nature humaine de la façon la plus complète, et non pas à reproduire tel petit fait, tel épisode de la vie réelle, car de cette manière instantanée on aura bien des photographies mais non pas des tableaux. La loi de la vraisemblance est limitée par des exigences absolues. Une succession coordonnée de cas et de péripéties ne pourra jamais être acceptée au cours d'une représentation sans un certain commentaire intellectuel ou convention. Ou bien il faut renier l'art tout entier ou bien admettre sans contradiction avec les principes ce spirituel soliloque poético-lyrique qui participe intimement de la nature humaine. Chacun à sa manière a des moments d'élévation mentale, de *Schwaermerei*, de rêverie, ou disons d'enthousiasme et de mélancolie. Celui qui se refuse à cela ne doit pas lire Kâlidâsa ni les autres poètes dramatiques de l'Inde. Et malheureusement il est à craindre que la tendance actuelle vers un certain réalisme dramatique empêche qu'on goûte, ici comme ailleurs, ces chefs-d'œuvre de la poésie orientale qui, traduits ou imités, font partie en Allemagne de la commune culture littéraire et qui s'éditent même en livres d'étrennes.

On observera que le sentiment poétique dont nous avons parlé trouve la raison de sa diffusion abondante dans les drames indiens expliquée par le panthéisme religieux qui contribuait à la formation de la conscience populaire. L'opinion reçue ne détachait pas l'existence individuelle de la vie universelle, et l'homme qui comprenait dans un vaste regard les mutuelles appartenances des êtres se trouvait en contact immédiat avec l'enveloppante nature ; il en recueillait tous les reflets mobiles, il en ressentait les influences secrètes, et ces délicates impressions qui ouvrent à l'esprit une source abondante d'inspirations.

Michel Kerbaker termine son introduction par quelques réflexions sur l'importance qu'il faut accorder à la mimique pour bien comprendre les drames indiens dont l'action, sans cet élément d'intérêt, semblerait sans doute trop lente à notre manière de voir ; et c'est bien le cas pour la *Mricchakatikâ* qui compte dix actes dans le texte sanscrit.

Ajoutons que les pièces de ce théâtre spécial n'étaient représentées que dans des occasions extraordinaires, sans machination de décors, mais avec tous les accessoires et le plus grand luxe de costumes, sur des scènes improvisées, richement ornées de statues, de drapeaux, d'arceaux et de fleurs en guirlandes.

L'action se développait devant un rideau d'étoffe légère dont la couleur s'harmonisait avec le sentiment général de l'acte représenté ; et d'après la gamme suivante :

Blanche : érotique.
Jaune : héroïque.
Sombre : pathétique, horrible.
Bariolée : comique.
Noire : tragique, merveilleux.
Rouge : violent.

Le rideau retombant à l'ordinaire était écarté par deux jeunes filles choisies pour leur beauté.

Les renseignements que je viens de rappeler étaient connus ; j'ai cru cependant qu'il convenait de les rassembler en préface du *Chariot de Terre cuite*, afin de constituer à ce drame une atmosphère d'idées générales, qui d'ailleurs compléteront la mise en scène nécessaire.

A cause de l'attitude personnelle que j'ai conservée dans l'imitation d'un texte antérieurement signalé par des traductions laborieuses, les critiques qu'on fera du *Chariot de Terre cuite* pourront m'être adressées, et si la pièce mérite des éloges, j'entends bien qu'on les reporte aux qualités du théâtre indien et aux magies de la poésie orientale.

LE CHARIOT DE TERRE CUITE

BÉNÉDICTION

Que la méditation de Sambhou vous protège et que son regard absorbé dans la substance irrévélée où s'opère l'unification vous éclaire! — Ses genoux croisés sont enlacés de serpents; retenant sa respiration il aspire à la compréhension totale et dans toute chose il se contemple de soi-même en soi-même avec l'intelligence du cycle révolu de la vie. — Soyez aussi protégés et réjouis par la tête du Dieu au cou bleu qu'étreignent comme un beau collier les bras brillants de Gâauri!

PERSONNAGES

		Mesdames
VASANTASENA,	Courtisane	MEURIS.
MADANIKA,	Suivante de Vasantasenā	Suzanne DESPREZ.
RADANIKA,	Servante de Tchāroudatta	Suzanne GAY.
UNE ESCLAVE,		Georgette LOYER

		MM.
TCHAROUDATTA,	Brāhmane ruiné	RIPERT.
ROHASENA,	son fils	NIVART.
MAITREYA,	Parasite, ami de Tchāroudatta	TRESSY.
SAMSTHANAKA,	Prince, beau-frère du Roi	Marcel DESLOUIS.
LE VITA,	Bel esprit, confident du prince	DEMORY.
ÇARVILAKA,	Brāhmane et voleur	DUPONT.
ĀRYAKA,	Bouvier qui devient roi	} Saint-CHARLES.
LE ÇRAMANA,	Religieux bouddhiste	
STHĀVARAKA,	Conducteur de litière	R. LAGRANGE.
GOHA,	Premier Tchāndāla	JABLIN.
AHINTA,	Deuxième Tchāndāla	DUJEU.
UN CRIEUR,		GESURIER.
UN BRAHMANE,		SERUZIER.
UN ARTISAN,		Emel LEY.
UN MARCHAND,		CHEVILLOT.
DEUX POLICIERS.		
TROIS CITADINS.		
DEUX PASSANTS.		
UN BANDHOULA.		

Brāhmanes, guerriers, marchands, artisans, yoghis, çramanas, bandhoulas, musiciens, psylles, mendiants, courtisanes et danseuses.

Autrefois, dans l'Inde.

ACTE PREMIER

Non loin d'une ville indiquée dans la nuit par des feux, une route bordée d'arbres et d'idoles.

Coupant la scène, une maison à terrasse est en partie visible; l'intérieur en apparaît nu, avec ses murs de brique blanchis où sont accrochés des instruments de musique.

Nattes et sièges bas servant de couches, brûle-parfums, deux lampes à bec.

Une seule lampe est allumée.

SCÈNE I

Dans la maison.

TCHAROUDATTA, MAITREYA

MAITREYA, *après un silence.*

Tous les invités se sont excusés.

TCHAROUDATTA

On ne vient pas de bon cœur dans une maison où il n'y a rien à manger. Autrefois c'était différent.

MAITREYA

La maison était toujours joyeuse et bien approvisionnée. Alors on pouvait me voir sur ma natte, entouré de friandises et de plats aux sauces variées, où je piquais d'un doigt que je secouais ensuite, comme fait le peintre avec ses couleurs.

TCHAROUDATTA

Autrefois des troupes d'oiseaux accouraient à l'heure de l'offrande sur la terrasse de ma maison ; aujourd'hui la poignée de grains que je jette tombe au milieu des herbes folles qui poussent sur le seuil. De tous les amis d'autrefois, toi seul es resté, fidèle à mon logis comme une tourterelle apprivoisée.

MAITREYA

On peut s'habituer à tout.

TCHAROUDATTA

La prospérité après l'infortune, c'est comme un flambeau qui chasse la nuit ; mais si l'homme déchoit d'une condition brillante jusqu'à la pauvreté, mieux vaudrait pour lui mourir.

MAITREYA

Comparez-vous la pauvreté à la mort ?

TCHAROUDATTA

La mort qui nous enlève le souvenir me semble préférable à la pauvreté qui nous transforme, en nous laissant des regrets.

MAITREYA

Oh ! oh ! Ne sommes-nous pas les mêmes qu'autrefois ? Est-ce là ce que vous voulez dire ?

TCHAROUDATTA

La poussière a flétri la joie des coffes ; elle a déteint sur nous aussi, la grise couleur de misère.

MAITREYA

Je me sens toujours le même appétit.

TCHAROUDATTA

La pauvreté est la source de bien des maux, de bien des vices. Oh ! oui, cela n'est pas évident tout d'abord : mais la pauvreté rend timide; la crainte enlève l'énergie; faute d'énergie on est méprisé; de là les découragements et les désespoirs; avec les chagrins constants l'intelligence s'étiole, et quand cette fleur se meurt, tout le corps est malade et l'âme est aveugle.

MAITREYA

Il est vrai que l'estomac a ses exigences.

TCHAROUDATTA

Laissons ces pensées; je veux m'appliquer à des méditations plus libres et je t'engage à aller faire tes oblations aux divinités mères.

MAITREYA

Je n'irai pas ce soir au carrefour.

TCHAROUDATTA

Pourquoi, Maitreya?

MAITREYA

Parce qu'on a beau supplier les dieux, ils ne nous écoutent jamais. J'estime qu'il est indigne d'un homme de toujours importuner les dieux... quand cela ne nous sert à rien.

TCHAROUDATTA

Ne dis pas cela. Va présenter l'agréable offrande du pauvre.

MAITREYA

A cette heure la route royale est mal fréquentée : on y rencontre des prostituées, des rôdeurs et des esclaves. Qu'irais-je faire avec ces gens-là? Je ressemblerais à une grenouille qui va se jeter dans la gueule du serpent. Mais cela ne vous tracasse guère, vous qui pendant ce temps resteriez bien assis à la maison.

TCHAROUDATTA

Fais comme tu voudras; moi je reprendrai ma méditation.

SCÈNE II

Au dehors.

SAMSTHÂNAKA, LE VITA, VASANTASENÂ

Des appels et une poursuite derrière la scène. — Vasantasenâ effrayée entre suivie de près par Samsthânaka et le Vita.

LE VITA

Arrête, Vasantasenâ !

SAMSTHÂNAKA

Arrête, petite Vasantasenâ ! Nous te suivons avec l'ardeur des chiens qui chassent dans la forêt une femelle de chacal.

LE VITA

Toi, tu t'enfuis rapidement, éperdûment, en emportant nos cœurs.

VASANTASENÂ

A moi !.. Pallavâ ! Parabhriti !

SAMSTHANAKA, effrayé.

Maître, ne va-t-on pas venir, si elle appelle ?

LE VITA

Ne craignez rien.

VASANTASENA

Madhavika !

LE VITA

Ce sont des femmes qu'elle appelle.

SAMSTHANAKA

Elle voulait nous effrayer. Ne sait-elle pas que je tuerais bien cent femmes ?

LE VITA, à Vasantasena.

Ne savez-vous pas que notre prince est un héros ?

VASANTASENA

Hélas ! je ne puis compter que sur moi seule. — Seigneurs, je vous en prie, que voulez-vous de moi ?.. Est-ce ma parure que vous convoitez ?

LE VITA

Fi !.. l'arbre du printemps ne sera pas dépouillé de ses fleurs qui nous réjouissent.

SAMSTHANAKA

Je veux d'abord que tu m'écoutes, moi qui suis un Vâsoudeva. Je veux que tu aimes celui qui t'aime.

VASANTASENA

Vous ne pouvez pas exiger cela.

SAMSTHANAKA

Allons, petite libertine, petite camuse, courtisane, mouche verte, aiguillon d'amour, tu n'es pas gentille avec moi qui me suis fatigué à ta poursuite.

LE VITA

Notre prince est un peu vif; je m'en vais vous tourner cela autrement :

Après qu'il eût fait tes yeux avec un lotus bleu,
Ton visage avec un nélumbo,
Tes dents avec le jasmin,
Tes lèvres avec la rose,
Comment Brâhma a-t-il pu tailler ton cœur dans la pierre

VASANTASENA, *frappant du pied.*

Quoi que vous disiez, vous perdez votre peine.

SAMSTHANAKA

Eh bien, je t'appellerai bayadère, fille à grimaces, pot de fard, prostituée, entremetteuse ; et tu m'entendras, car ce sont là tes titres.

VASANTASENA, *ironiquement.*

N'en savez-vous pas d'autres, aimable prince ?

LE VITA

Dites plutôt :

Cette jeune fille est une chasseresse adroite ;
Le sourire est un arc sur ses lèvres ;
Ses œillades sont les flèches dont mon cœur saigne
Comme une gazelle blessée.

VASANTASENA

Epargnez-moi, seigneur poëte.

LE VITA

Vous ne devriez pas être si cruelle, Vasantasena ; on dit d'une courtisane :

Elle ressemble à la fleur du chemin
— La cueille qui passe.
Son amour est à vendre ;
Ses voiles sont légers :
Ils s'enlèvent d'un soupir.
Dans un même lac se baignent le fou et le sage ;
Sous le poids du corbeau aussi bien que du paon,
Se courbe la liane ;
La même barque porte le premier des brahmes
Et le dernier des soûdras.

Ne ressemblez-vous pas au lac, à la liane, à la barque ?

VASANTASENA

Mais croyez-vous que mon cœur cède à la violence ?

SAMSTHANAKA, au Vita.

Tu dépenses mal à propos ta verve ; je vais te dire de quoi il s'agit : cette fille d'esclave s'est amourachée d'un pauvre homme appelé Tchâroudatta, et c'est pour cela qu'elle est si farouche. Prends garde seulement qu'elle ne nous glisse entre les doigts, pour aller rejoindre son amant dont la maison est sur le chemin.

VASANTASENA, à part.

S'il dit vrai, je suis sauvée.

LE VITA

Vous croyez que la maison de Tchâroudatta est près d'ici ?

SAMSTHANAKA

J'en suis certain, mon maître.

LE VITA, à part.

L'imbécile dit justement ce qu'il fallait taire. Si maintenant la courtisane y voit clair dans la nuit, ce n'est pas moi qui aurai levé le flambeau.

VASANTASENA

C'est l'amour qui m'a guidée. (Elle veut s'échapper; le Vita la retient.)

LE VITA, bas à Vasantasená.

Écoutez-moi.

SAMSTHANAKA

Maître, l'obscurité est profonde.

LE VITA

La lune est restée en route.

SAMSTHANAKA

Je n'y vois plus que par l'odeur. (Il éternue.) L'ombre remplit mes narines. (Il éternue.) La courtisane s'est perdue dans l'ombre comme un haricot noir.

LE VITA, bas à Vasantasenâ.

La nuit vous protège, Vasantasenâ; vous êtes comme l'éclair qui s'éteint dans un nuage ; mais le parfum de vos guirlandes et le cliquetis de vos parures sont indiscrets. — M'avez-vous compris ?

VASANTASENA

Merci ! (Elle se dépouille de sa parure.)

SAMSTHANAKA

Hé ! la belle, où es-tu ? Réponds-moi. — Est-elle muette à présent ? — Tu sauras que j'ai de l'esprit car je paye pour en avoir. (Au Vita) Maître, est-elle près de toi ?

LE VITA

Je croyais que vous la teniez.

SAMSTHANAKA

Animal !

LE VITA

Prince !

VASANTASENA, devant la porte

La porte est fermée.

SAMSTHANAKA

J'entends le froissement de ses voiles.

LE VITA

Non, c'est le vent dans les feuilles.

SAMSTHANAKA

Imbécile !

LE VITA

Prince !

SAMSTHANAKA

Je la vois qui se glisse le long des arbres, Je la sens.

LE VITA

On pourrait s'y tromper : c'est l'odeur des jasmins.

SCÈNE III

Dans la maison.

TCHAROUDATTA, MAITREYA
RADANIKA

TCHAROUDATTA

Je te l'ai déjà dit, Maitreya, va porter l'offrande ; ou bien refuseras-tu parce que l'offrande est maigre ?

MAITREYA

Je voudrais ne pas sortir seul.

TCHAROUDATTA, *à la servante qui somnole.*

Radanika, accompagne le seigneur Maitreya.

MAITREYA

La vieille dort encore, c'est certain.

TCHAROUDATTA

Ne la réveille pas trop brusquement.

MAITREYA, la secouant.

Allons, debout!

RADANIKA

Hein! Qu'y a-t-il?

MAITREYA

On te dit de prendre l'offrande et la lampe. — Marche devant. — Tu poseras la lampe près de la porte.

Radanikâ sort, après avoir déposé la lampe dans le vestibule. Par la porte entr'ouverte se glisse Vasantasenâ ; en passant elle éteint la lampe avec le bord de sa tunique.

TCHAROUDATTA

Eh bien! Maitreya?

MAITREYA

Le courant d'air a éteint la lampe. Attends-moi, Radanikâ, je vais la rallumer.

SCÈNE IV

Au dehors.

SAMSTHANAKA, LE VITA, RADANIKA

SAMSTHANAKA

As-tu trouvé la Vasantasenâ ?

LE VITA

Pas encore, mais je la cherche.

SAMSTHANAKA

Il me semble impossible qu'elle ait pu m'échapper. (Il attrape le Vita par son manteau.) Ah ! cette fois...

LE VITA

Là ! ne tirez pas si fort sur mon manteau ; vous le déchirerez.

SAMSTHANAKA

Va-t'-en de mon chemin.

LE VITA

Qui peut savoir où elle se cache?

SAMSTHANAKA

Ici... de ce côté... là-bas... maître, viens par ici... non, par là.

LE VITA

Elle ne s'est pas éloignée, car le bruit de sa ceinture et de ses noupouras l'aurait trahie.
SAMSTHANAKA, empoignant la servante par les cheveux.

Je la tiens!

RADANIKA

Aïe! au secours!

SAMSTHANAKA

Je l'ai bien reconnue à son odeur. Ecoute-la chanter.

LE VITA

Mais elle a changé de voix.

SAMSTHANAKA

J'entends bien, c'est pour nous tromper: elle mue sa voix comme une chatte qui veut de la crème. Elle connaît tous les artifices, mon cher, c'est son métier. (Il secoue Radanika qui gémit.)

SCÈNE V

LES MÊMES, MAITREYA

MAITREYA, *ouvrant la porte avec hésitation.*

La flamme de ma lampe est agitée comme le cœur d'un chevreau.

SAMSTHANAKA

Sauvons-nous, voilà un homme qui vient.

MAITREYA

Holà, vous autres ! de quel droit troublez-vous le repos de la maison chez le seigneur Tchâroudatta ?

RADANIKA, *à Maitreya.*

Voyez comme ils m'ont arrangée.

MAITREYA, avec dignité.

Ce n'est pas vous seulement ; nous sommes insultés ; moi aussi bien que vous !

LE VITA, timidement.

Grand brahmane !...

MAITREYA

On a malmené nos servantes.

LE VITA, élevant la voix.

Écoutez...

MAITREYA

C'en est trop ! Halte-là ! ne cherchez pas à fuir. Un chien est le maître dans son chenil et à plus forte raison un brahmane comme moi, dans sa maison. — Je veux casser la tête de ces drôles avec mon bambou.

LE VITA, d'une voix forte.

Grand brahmane, un peu de calme.

MAITREYA

Ah ! mes braves gens, je vous reconnais. Eh bien, c'est mal quand même ce que vous faites là, prince Samsthânaka, vous, le beau-frère du roi ; ce n'est pas honnête. On ne doit pas mépriser les malheureux, car vous connaissez la sentence : Il n'est pas de malheureux pour le destin.

SAMSTHANAKA

Je crois qu'il nous fait la leçon.

LE VITA

Grand brahmane, calmez-vous et veuillez nous entendre. Nous n'avions pas d'intentions mauvaises.

SAMSTHANAKA

Nous courions après une femme, à la recherche du plaisir.

MAITREYA

Après Radanikà, après notre servante?.. Oh !

LE VITA

Non, pas après celle-ci ; après une femme libre qui nous a échappé ; et dans la nuit notre prince qui n'y voit pas clair s'est trompé. En témoignage de nos intentions pacifiques, je jette à vos pieds mon épée.

MAITREYA, *laissant tomber son bâton.*

Je sais maintenant qui vous êtes : vous êtes d'honnêtes gens et je vous demande pardon.

LE VITA

Ne parlez pas au seigneur Tchâroudatta de toutes ces sottises.

MAITREYA

Je vous le promets.

SAMSTHANAKA

Maître, ne vas-tu pas t'humilier devant ce drôle ?

LE VITA

J'ai peur.

SAMSTHANAKA

De quoi as-tu peur ? Il a jeté son bâton.

LE VITA

Tchâroudatta est un homme puissant, car c'est un homme vertueux.

SAMSTHANAKA

On peut avec cela tomber de faiblesse, mon maître.

LE VITA

Je suis d'avis que nous partions.

SAMSTHANAKA

Tu veux rire. Quoi ! partir sans emmener la Vasantasenâ ?

LE VITA

La courtisane a disparu.

SAMSTHANAKA

Nous la retrouverons, je la veux, je l'aurai.

LE VITA

Voici mon dernier mot : « Attachez l'éléphant à un pieu ; dirigez un cheval par la bride ; prenez une femme par le cœur, — sinon, allez-vous-en. »

SAMSTHANAKA

Eh, va-t-en si tu veux dans le vide de tes sentences !.. pour moi, je reste.

LE VITA

Croyez-moi, il n'y a rien à faire ici.
Il sort.

SCÈNE VI

SAMSTHANAKA, MAITREYA, RADANIKA.

SAMSTHANAKA

Le maître des élégances s'est éclipsé. (A Maitreya.) Quant à toi, méchant bonhomme au teint de racine, disciple d'un mendiant, assieds-toi sur tes talons.

MAITREYA

Nous avons été assis très bas.

SAMSTHANAKA

Et par qui ?

MAITREYA

Par la destinée.

SAMSTHANAKA
Relève-toi, relève-toi.

MAITREYA
Nous nous relèverons un jour.

SAMSTHANAKA
Quand cela ?

MAITREYA
Quand le sort nous favorisera.

SAMSTHANAKA
Pauvre, pauvre fou, pleure en attendant.

MAITREYA
Nous y sommes bien forcés.

SAMSTHANAKA
Et par qui ?

MAITREYA
Par le malheur.

SAMSTHANAKA
Eh bien, ris, ris tout de même : ah, ah ! hi, hi !

MAITREYA

Oh! nous rirons bien un jour.

SAMSTHANAKA

Et quel jour?

MAITREYA

Quand la prospérité rentrera chez nous.

SAMSTHANAKA

La prospérité, je la soupçonne d'être rentrée chez ton ami, mais je veux qu'elle en sorte au plus tôt. Va-t-en dire à cet indigent appelé Tcharoudatta que mon trésor est chez lui : mon trésor, c'est la courtisane Vasantasenâ toute brillante comme une directrice de théâtre. Vasantasenâ s'est éprise de ton misérable ami, pour l'avoir rencontré dans le jardin du temple de Kâma. — Cela je le sais. — S'il consent à la remettre entre mes mains, je lui en saurai gré ; s'il refuse, nous verrons bien ce qui arrivera. Voilà qui est clair. — Va maintenant, n'oublie pas qui t'envoie, et viens au plus tôt m'apporter la réponse à ma maison de plaisance, où je t'attendrai sur la terrasse supérieure.

MAITREYA

Je rapporterai vos paroles, ni plus ni moins.

SAMSTHANAKA, en s'éloignant.

A bientôt, bonhomme à tête de noix.

Il sort.

SCÈNE VII

MAITREYA, RADANIKA

MAITREYA

Radanika, ne dis pas à ton maître que tu as été insultée sur cette maudite route par le beau-frère du roi. Il n'a déjà que trop de sujets de peine. Dans sa détresse, cet affront lui serait très sensible ; et si l'envie de se venger le prenait, il n'en résulterait rien de bon pour nous.

RADANIKA

Je suis une vieille femme, mais je saurai me taire, seigneur Maitreya.

MAITREYA

Bien ! voilà qui s'appelle parler.

Maitreya ramasse son bâton, Radanikâ prend la lampe et après avoir inspecté les abords de la maison, ils rentrent.

SCÈNE VIII

Dans la maison.

TCHAROUDATTA, VASANTASENA.

TCHAROUDATTA, sans tourner la tête.

C'est l'heure fraîche où le vent se lève. Radanikâ, va voir si mon fils Rohasena qui dort dans la chambre haute n'a point froid. Tu couvriras ses pieds de mon manteau.

VASANTASENA

Il me prend pour sa servante ; et cependant sa voix me flatte délicieusement. (*Elle a pris le manteau et en respire l'odeur.*)
Le parfum du jasmin !... Ah, son cœur n'est pas mort !

TCHAROUDATTA

Pourquoi ne réponds-tu pas, Radanikâ ?

SCÈNE IX

TCHAROUDATTA, VASANTASENA, MAITREYA, RADANIKA

RADANIKA, *tenant la lampe.*

Me voici, que faut-il faire?

TCHAROUDATTA

Il me semblait... (Il relève la tête.) Mais quelle est donc cette autre femme que j'ai humiliée? (Il se lève.)

VASANTASENA

Humiliée... non pas, seigneur, vous m'avez honorée.

MAITREYA

C'est vraiment une femme, et très jolie!... C'est Vasantasenâ la courtisane que nous rencontrâmes l'autre jour dans les jardins du temple de Kâma.

TCHAROUDATTA

Vasantasenâ! (A part.)

Vasantasenâ belle sous ses voiles
Comme en la brume d'automne
Les rayons éteints de la lune.

Il est difficile à un pauvre de parler à une courtisane. Mon amour, comme la colère du lâche, n'ose sortir de mon cœur.

MAITREYA

Encore ceci : le beau-frère du roi, que j'ai rencontré, m'a chargé de vous dire...

TCHAROUDATTA

Quoi donc ?

MAITREYA

Voici ce qu'il m'a dit : « Une femme, parée comme une directrice de théâtre, est entrée dans la demeure de ton ami pour échapper à mes poursuites...

TCHAROUDATTA

Je suis honoré par ces paroles.

5.

MAITREYA

... au moment où j'allais employer la violence pour la contraindre à m'écouter... »

VASANTASENA

Ce témoignage m'est cher.

MAITREYA

Mais attendez... (A Tchâroudatta) Le prince ajoutait que, si vous consentez à lui rendre cette femme, il vous en saura gré, et que, si vous refusez, vous aurez tout à craindre de lui. Je pense que vous n'hésiterez pas.

TCHAROUDATTA

Certes non. (Dédaigneusement.) Il est fou. Quelle proposition! Je n'y veux pas répondre. Cette jeune femme a choisi la demeure du pauvre pour s'y abriter. Oh! ceci m'est précieux. Cette courtisane belle entre toutes a relevé ma condition misérable au-dessus des plus hautes. Comprends-tu bien?

MAITREYA

C'est-à-dire que je comprends une tout autre chose.

TCHAROUDATTA, à Vasantasenâ.

Souffrez que je vous adresse mes hommages comme à une divinité, et pardonnez-moi la faute que j'ai commise envers vous, quand je vous chargeai d'une besogne de servante.

VASANTASENA

C'est moi qui suis coupable, et qui courberai la tête, en demandant pardon. Je ne devais pas m'introduire ainsi chez vous.

Ils se saluent.

MAITREYA

Bien, bien, vos têtes s'inclinent l'une vers l'autre comme deux beaux épis de riz. Je vais, pour vous imiter, pencher aussi ma tête chauve qui ressemble au genou d'un jeune chameau, en vous priant de vous redresser.

Il salue.

TCHAROUDATTA

Enfin, que nos politesses ne soient point cérémonieuses.

VASANTASENA

Que ses manières sont faciles et charmantes! (Haut.) Seigneur, je ne dois pas rester plus longtemps ici, mais si votre bienveillance m'y autorise, je déposerai ma parure dans votre maison. C'est à cause de ces bijoux que j'attirai l'attention de mes cruels poursuivants.

TCHAROUDATTA

Ma maison ne convient guère.

VASANTASENA

Ce n'est pas aux maisons qu'il faut regarder, mais aux personnes.

TCHAROUDATTA

Vous le voulez. — Maitreya, prends cette parure.

MAITREYA

Madame, je ne sais comment vous remercier.

TCHAROUDATTA

Maitreya, c'est un dépôt.

MAITREYA

Ah? ce n'est qu'un dépôt...

VASANTASENA

Seigneur, il se fait tard. Votre ami pourrait-il m'accompagner?

TCHAROUDATTA

Maitreya, reconduis Madame.

MAITREYA

Y pensez-vous? Je m'en garderai bien. Vous êtes en cette occasion la personne la plus convenable. A côté d'elle vous marcherez majestueux comme un cygne royal ; tandis que moi, pauvre brahmane, j'inspirerais peu de respect aux gens qui rôdent aux portes de la ville : je serais bientôt attaqué et dépouillé par ces libertins, comme une pierre d'offrande est nettoyée par les chiens.

TCHAROUDATTA

Je vous accompagnerai moi-même. (A Maitreya.) Qu'on allume le flambeau dont nous avons besoin pour la route.

MAITREYA

Holà vous autres! qu'on allume les flambeaux.

RADANIKA, bas à Maitreya.

Il n'y a plus d'huile.

TCHAROUDATTA, sur le seuil.

C'est bien, il n'en est pas besoin, car voyez :

Pâle comme la joue d'une fille qui s'éveille,
La lune marche avec un cortège d'étoiles.

(Il s'éloigne avec Vasantasena.)

VASANTASENA

Flambeau des chemins levé sur nos cœurs,
Ses rayons, poussière de lait,
Tombent en rosée dans la nuit.

(Ils sortent.)

SCÈNE X

MAITREYA

MAITREYA

Il y a des gens que rien n'arrête... (Sur la porte.) Ce soir la grand'route est déserte et la police se tient loin des endroits suspects. Ce sont de mauvais drôles aussi, ceux-là. Il vaut mieux se garder soi-même, et pour nous ce n'est pas difficile : tout ce qu'il y avait à prendre est pris, dans la maison de l'honorable Tchâroudatta, fils de Vinâyadatta, le chef des marchands. Voilà où nous en sommes avec la pratique des vertus. — Ah! mon ami, vous auriez mieux fait de méditer pendant dix ans dans la forêt, debout sur un pied : nous serions encore riches aujourd'hui! (Un silence.) Où mettrai-je cette cassette ?.. Un dépôt, un dépôt, c'est fort embarrassant. — Naturellement, je n'en suis pas responsable. La maison n'est pas sûre... on n'en peut pas répondre comme de soi-même... Si encore cela nous appartenait... enfin... (Il pose la cassette sur un siège.) Le seigneur Tchâroudatta ne saurait tarder... je veux aller à sa rencontre. (D'un ton ironique.) Et le prince qui m'attend sur la terrasse supérieure... (Il hésite.) Ma foi, je ne me soucie pas d'être reçu par un homme si peu aimable. (Il va à la rencontre de Tchâroudatta.)

SCÈNE XI

Au dehors, puis dans la maison.

TCHAROUDATTA, MAITREYA

TCHAROUDATTA

J'ai quitté la courtisane en vue de sa maison. Tout est tranquille, et mon cœur seul est agité.

MAITREYA

Il n'est pas jusqu'aux chiens des marchands qui ne dorment à cette heure.

Ils rentrent et s'asséoient.

TCHAROUDATTA

Prends bien soin de la parure qui nous a été confiée. Garde-la toi-même, la nuit ; le jour, ce sera l'affaire de Radanika.

MAITREYA

Je la garderai ; oui, si vous le voulez ; vous pouvez bien penser que je la garderai.

TCHAROUDATTA

N'oublie pas que c'est un dépôt et qu'un dépôt est chose sacrée.

MAITREYA

Un dépôt, un dépôt, je n'aime pas ce mot-là, je suis capable d'en rêver.

Ils se couchent.

TCHAROUDATTA

Rêvons, tout n'est qu'un rêve. — Il me semble entendre encore la musique de sa voix.

MAITREYA

Le sommeil descend de mon front et s'abat sur mes paupières.

TCHAROUDATTA

Le sommeil est une vieillesse de tous les jours : il arrive sans qu'on y pense et nous engourdit.

MAITREYA

Vous m'avez persuadé. (Il baille.) Oui, oh ! oui, je dors déjà.

Ils s'endorment.
Entrée de Çarvilaka sur la scène extérieure.

SCÈNE XII

Au dehors.

CARVILAKA

CARVILAKA

A cette heure je m'avancerai en rampant et en me frottant les côtes contre terre, comme un serpent qui quitte sa vieille peau. (Il regarde le ciel, en souriant.) Bonne nuit, la lune ! Il est temps de rentrer ton nez sous les plumes des nuages. — La nuit sur mes épaules jette son manteau comme une mère prévoyante; elle dérobe à tous les yeux son fils au cœur subtil, le guerrier qui s'est révolté contre les soldats du roi.

Il est facile de décrier notre art périlleux et d'appeler fourberie notre audace parce que nos succès sont favorisés par la nuit et le sommeil ; mais j'estime que les mendiants et les domestiques, tous ceux qui vivent de la génuflexion ne peuvent pas nous mépriser. S'ils invoquent les puissances supérieures, nous avons aussi des patrons parmi les héros et les dieux... Mais par où commencer l'attaque de ce mur? (Il inspecte le mur.)

Est-il une place où le mur soit rongé par le salpêtre ou dégradé par les infiltrations, où la maçonnerie soit vieille et en mauvais état? — Voici justement un endroit friable et recuit par le soleil, miné par des trous de rats. Allons! l'affaire s'annonce bien, et Skanda lui-même me protège.

En pareil cas, le dieu à l'épieu d'or a indiqué quatre moyens d'opérer : il faut arracher les briques qui sont de terre cuite, les couper si elles sont d'argile fraîche, arroser le mur si c'est un talus de terre, le briser s'il est construit en bois.

Ici les briques sont cuites, c'est le cas de les arracher. (Il commence son travail.)

Le trou aura-t-il l'apparence d'un lotus, d'un soleil ou d'une demi-lune? Sera-t-il en forme de coupe? Imitera-t-il un œuf ou une cruche d'eau lustrale?

Il faut que demain matin les citadins qui passeront par ici soient frappés d'admiration devant la délicatesse du travail. Peut-être viendrai-je moi-même dans la foule, et je serais désolé des critiques d'un connaisseur. — Mais non, tout va bien!

Hommage au jeune Kârtikeya qui prête

une oreille favorable à mes invocations !
Hommage au fils du soleil ! Hommage à
Yogâçârya, au vénérable maître qui m'a
donné l'onguent merveilleux grâce auquel...

Malédiction ! j'ai oublié mon fil à plomb !...
Bah ! mon cordon brâhmanique m'en tiendra lieu. C'est un objet fort utile qu'un cordon brâhmanique. On peut avec cela, et suivant l'occasion, prendre des mesures, desceller des joyaux, attacher de menus objets, ouvrir une porte ou la fermer, bander la morsure d'un serpent.

Il ne reste plus qu'une brique à arracher pour que la brèche soit régulière. — Ah ! j'aperçois une lampe. Voyez comme la lumière dorée se reflète sur le sol, suivant la forme bien dessinée que je lui donnai pour issue.

Le trou est achevé, — entrons. Je peux bien dire que pour de telles entreprises il faut aussi du courage.

Il entre par la brèche dans la maison.

SCÈNE XIII

Dans la maison.

CARVILAKA, TCHAROUDATTA MAITREYA.

CARVILAKA

Ils sont deux qui dorment. J'ouvrirai d'abord la porte pour me ménager une sortie.

Il ouvre la porte.

Un tambour, une flûte, un tambourin, une vinâ, des livres. — Serais-je pas chez un maître de musique? Je suis entré ici sur la foi des apparences, mais l'intérieur ne répond pas toujours aux façades, et je crains bien d'avoir travaillé pour rien. Oui, ces gens-là sont vraiment pauvres. C'est une affaire manquée. — Si je rebouchais le trou?

MAITREYA, rêvant.

Holà! seigneur Tcharoudatta, le mur s'est ouvert comme un fruit gâté, et l'oiseau voleur sautille après les grains pourris. Prenez donc cette cassette. Prenez-la en dépôt, vous m'entendez bien.

CARVILAKA

Le vieux rêve, je crois ; à moins qu'il n'abuse de sa pauvreté pour me narguer. (Élevant la lampe.) Mais non, c'est bien un rêve qu'il fait. Il disait vrai : et j'aperçois près de lui une cassette enveloppée dans un manteau brodé de trous. La prendre n'est rien ; mais convient-il que j'afflige encore ces pauvres diables ? — Partons.

MAITREYA

Honorable ami, que tardez-vous à me débarrasser de cette cassette qui me pèse sur l'estomac plus lourdement que mon dîner ?

CARVILAKA

Décidément il y tient, et j'aurais mauvaise grâce à refuser. Je prendrai donc cette cassette sur ma conscience. — Et que Madaniká me pardonne, la jolie Madaniká, pour l'amour de qui je me suis fait voleur, moi bráhmane, fils de bráhmane, versé dans l'étude des quatre Védas. (Il prend la cassette.)

MAITREYA

Je dormirai maintenant plus tranquille, et comme un marchand qui a bien vendu.

ÇARVILAKA

Dormez, grand brâhmane, dormez pendant cent ans ; moi, sans plus tarder, j'irai demain matin chez la courtisane Vasantasenâ pour racheter ma bien-aimée avec ce vol.

Il passe sur la scène extérieure.

Ah, maudite soit la pauvreté qui réveille en nous une audace équivoque et nous pousse au mal fatalement !

FIN DU PREMIER ACTE

DEUXIÈME ACTE

Une place publique et les jardins en terrasse de la courtisane Vasantasenâ.

A l'ombre d'arbres, sur la terrasse d'où pendent des lianes et des jasmins, Vasantasenâ paresseusement assise regarde un portrait qu'elle tient à la main, cependant que Madanikâ l'évente d'un grand éventail œillé.

SCÈNE PREMIÈRE

VASANTASENA, MADANIKA

VASANTASENA

Ensuite, ensuite..?

MADANIKA

Madame, nous ne parlions pas; pourquoi dites-vous : ensuite ?

VASANTASENA

Qu'ai-je dit ?

MADANIKA

« Ensuite, ensuite... »

VASANTASENA

Ah

SCÈNE II

LES MÊMES, UNE ESCLAVE

UNE ESCLAVE

Maîtresse, votre bain est préparé.

VASANTASENA

Je ne prendrai pas de bain aujourd'hui.

L'ESCLAVE

Maîtresse... (Elle salue.) Votre mère vous rappelle qu'il sera bientôt l'heure d'adresser vos hommages aux divinités.

VASANTASENA

Qu'on charge un brahmane de ce soin.

L'ESCLAVE

Je rapporterai vos paroles, maîtresse.

Elle sort.

SCÈNE III

VASANTASENA, MADANIKA

VASANTASENA

Madanika, ce portrait n'est-il pas ressemblant et bien fait ?

MADANIKA

Il est admirable, madame.

VASANTASENA

Sans l'avoir regardé, tu n'en peux rien dire.

MADANIKA

J'ai vu, madame, la tendresse de vos yeux qui ne peuvent s'en distraire.

VASANTASENA

Le seul mérite de cette peinture n'est pas ce qui m'attire.

MADANIKA

Je comprends que votre cœur est aussi flatté que vos yeux.

VASANTASENA

Tu es une fille adroite.

MADANIKA

Bien venu soit l'amour!
Pour obtenir vos hommages, ce jeune dieu s'est-il manifesté à vous sous les traits d'un roi puissant?

VASANTASENA

Il s'agit d'amour et non de respect.

MADANIKA

Vous avez distingué quelque brahmane fameux par sa science surnaturelle?

VASANTASENA

Il s'agit d'amour et non d'admiration.

MADANIKA

Votre cœur s'est épris d'un marchand enrichi par de nombreux voyages?

VASANTASENA

Il s'agit d'amour et non de richesses.

MADANIKA

Mais, princesse amie, si celui que vous avez choisi n'est ni roi, ni brahmane, ni marchand, qu'est-il donc?

VASANTASENA

Il est celui que j'aime, Madanikâ, et rien de plus. N'étais-tu pas avec moi quand nous le rencontrâmes, dans le jardin du temple de Kâma?

MADANIKA

J'étais avec vous, et je me souviens. Vous voulez dire cet homme courageux sous la protection de qui vous vous êtes placée pour échapper aux poursuites du prince Samsthânaka? N'est-ce point lui qui, bravant les colères royales, vous accueillit hier dans sa maison?

6.

VASANTASENA

C'est lui-même ; et nul autre que lui ne l'aurait fait si simplement. Sais-tu son nom ?

MADANIKA

Il demeure au carrefour des Corporations.

VASANTASENA

Je te demande comment il s'appelle.

MADANIKA

On l'appelle Tchâroudatta.

VASANTASENA

Tchâroudatta... en langage ancien cela s'entend pour agréablement doué : c'est bien son nom.

MADANIKA

Madame, on dit qu'il est pauvre.

VASANTASENA

Il s'appelle Tchâroudatta.

SCÈNE IV

LES MÊMES, UNE ESCLAVE

L'ESCLAVE

Maîtresse... (Elle salue.) une litière aux rideaux de soie, et traînée par des bœufs aux cornes dorées, vous attend à la petite porte.

VASANTASENA

Qui m'envoie cette litière ?

L'ESCLAVE

Le conducteur est chargé d'un présent de dix mille souvarnas.

VASANTASENA

Mais de la part de qui ?

L'ESCLAVE

De la part du prince, beau-frère du roi.

VASANTASENA

Va-t-en.

L'ESCLAVE

Maîtresse, considérez que je vous transmets seulement un message dont votre mère elle-même m'a chargée.

VASANTASENA

C'est justement le message qui m'irrite.

L'ESCLAVE

Que répondrai-je à votre mère?

VASANTASENA

Tu lui diras que, si elle ne veut pas me voir mourir, il ne faudra plus qu'elle me cause une pareille honte.

L'ESCLAVE

Vous serez obéie. (Elle sort.)

SCÈNE V

VASANTASENA, MADANIKA

VASANTASENA

Madanika, prends ce portrait. Tu le mettras sur mon lit. Donne-moi mon éventail. Maintenant, je resterai seule.

MADANIKA

Seule et pensive.

VASANTASENA

Oui, Madanika. — Avant de t'éloigner, ôte-moi ces bracelets lourds et ce collier ; laisse-moi seulement un simple rang de perles ; trop d'éclat ne convient pas pour fêter la joie du cœur.

Cela fait, Madanika sort ; Vasantasena reste sur la terrasse.

SCÈNE VI

Sur la place publique.

CARVILAKA

CARVILAKA

Il me semble que les passants ont pour moi des regards obliques. Si quelqu'un s'avance vers moi en courant, je me tiens immobile, mais mon cœur bat plus vite. Cependant il n'est rien resté du larcin dont j'ai chargé la nuit, puisque les étoiles mêmes se sont effacées.

Le vieil homme que j'étais a mal dormi, et sur la route du matin, il trébuche, au lieu de marcher à l'aise et souriant comme un joueur favorisé. — C'est le mensonge du poids inévitable des œuvres qui est lourd à porter. — Et cependant, celui qui vient au monde, riche de biens mal acquis, ne se fait pas faute d'en jouir par scrupule de conscience. D'où vient cela? — C'est qu'il a oublié, et que le monde est neuf pour lui.

Ainsi je renaîtrai avec la pureté de l'enfant qui ne se souvient pas et je dirai :

L'or est une force aveugle, bonne, à toutes fins
Et je l'ai captée pour un noble usage :
Je forgerai avec ces chaînes d'or
La liberté de mon amie et la paix de notre existence.

SCÈNE VII

VASANTASENA (sur la terrasse.)
ÇARVILAKA, MADANIKA (sur la place.)

Madanikà se montre sur la porte basse de la terrasse.

ÇARVILAKA

Voici celle que j'attendais — Madanikà, Madanikà !

MADANIKA

Çarvilaka !... bon ami, pourquoi viens-tu ?

CARVILAKA

Je voulais te voir ce matin. Ils échangent des sourires.

VASANTASENA, appelant.

Madanikà !

MADANIKA, à Carvilaka.

Et d'où viens-tu ?

CARVILAKA

Je te le dirai.

VASANTASENA

Elle tarde bien. (Se penchant au bord de la terrasse.) En vérité, c'est ma servante en conversation agréable, si j'en crois son air attentif ! — Laissons-les Qu'ils soient heureux pour l'amour de mon amour.

MADANIKA, à Carvilaka.

Tu regardes à droite et à gauche, comme ayant peur.

CARVILAKA

Sommes-nous seuls ?

MADANIKA

Certainement.

CARVILAKA

C'est un secret.

VASANTASENA, à part.

Un secret... en ce cas je n'écouterai pas.

CARVILAKA

Vasantasenâ voudrait-elle te rendre la liberté moyennant une rançon ?

VASANTASENA

Il s'agit de moi : j'ai le droit d'entendre.

MADANIKA

Je le crois ; — elle est si bonne. Mais quelle rançon ? Serais-tu riche à cette heure ! Je t'ai connu dans d'autres dispositions.

CARVILAKA

Tu comprends bien que cela ne pouvait pas durer. Un homme comme moi ne supporte pas l'adversité sans rien faire pour en sortir.

MADANIKA

Sans doute, mais encore ?

CARVILAKA

Souffrant de ma pauvreté et sous l'excitation de l'amour, je me suis résolu cette nuit à une entreprise périlleuse.

MADANIKA

Dis vite! Qu'as-tu fait?

CARVILAKA

Ma belle, j'ai commis un crime à cause de toi.

MADANIKA

Malheureux!

VASANTASENA, à part.

Il m'épouvante!.. Cependant cet homme n'est point un criminel vulgaire : il semble fier et sa figure est douce.

MADANIKA

Ah! tu as exposé pour une femme deux choses précieuses: ta vie et ta réputation.

CARVILAKA

Il faut oser pour mériter. Oui, pour toi j'ai affronté quelque péril.

MADANIKA

Voilà qui t'excuse bien ! (Ironiquement.) Mais peut-être penses-tu qu'à cause de moi tout est permis ?

CARVILAKA

Oh, je n'ai pas dépouillé une femme, je n'ai pas enlevé un enfant ! Au moment de l'action mon esprit libre savait ce qu'il convenait de faire et ce qu'il fallait éviter.

VASANTASENA

On voudrait tout lui pardonner.

CARVILAKA

Allons au fait. Tu parleras ainsi à ta maîtresse : « Voici une parure qu'on dirait faite pour vous ; permettez-moi de vous l'offrir pour m'acquitter envers vous. » Ou bien tu choisiras d'autres termes plus convenables et...

MADANIKA

Et quoi de plus?

ÇARVILAKA

C'est fort embarrassant, mais tu pourrais lui donner à entendre qu'elle ne doit pas trop la montrer... que cette parure est assez précieuse pour qu'on la garde soigneusement cachée.

MADANIKA

La commission est plaisante. Une parure qu'il faut cacher sur les épaules d'une femme qui se montre : voilà qui ne s'accorde guère. Peut-on voir la merveille?

ÇARVILAKA

Oui, mais tu comprends bien qu'il faut des précautions. (Il entr'ouvre la cassette et montre la parure.)

MADANIKA

Çarvilaka, je connais cette parure... certainement je l'ai déjà vue... où l'as-tu volée?

ÇARVILAKA

Qu'importe ! Prends ce qu'on te donne.

MADANIKA

Non, je veux savoir. D'ailleurs, si tu n'as pas confiance en moi, pourquoi veux-tu m'épouser?

ÇARVILAKA

Eh bien, j'ai entendu dire ce matin qu'elle sortait de chez le brahmane Tchâroudatta.

VASANTASENA, à part.

Je me sens mourir.

MADANIKA

Malheureux!

ÇARVILAKA

Pourquoi ce nom te trouble-t-il? pourquoi au moment d'être libre et de partir avec moi trembles-tu de crainte et non de plaisir?

MADANIKA

As-tu tué, as-tu blessé quelqu'un? Réponds vite. De quel deuil veux-tu que je me réjouisse?

ÇARVILAKA

Petite fille, tu me connais mal. Çarvilaka

respecte ceux qui dorment et ceux qui sont désarmés.

MADANIKA

Est-ce bien vrai ?

CARVILAKA

N'en doute pas.

VASANTASENA

Ah, le cher voleur, il me rend la vie !

MADANIKA

Je respire. (Elle rit.) Ah ! ah !

CARVILAKA

Voilà bien les femmes ! Elles passent en un moment de la plus grande peine à la plus vive joie. Pourquoi ris-tu maintenant ?

MADANIKA, riant toujours.

Pourquoi ? Ah ! ah !

CARVILAKA

Il semble que tu apportes un sentiment bien vif dans cette affaire... regarde-moi... je te devine fausse comme toutes les femmes. Ainsi j'oubliais pour toi le passé : je t'offrais en sacrifice un héritage de vertu, ne conservant pour moi que la fierté ; et toi tu m'appelais ami par mensonge, puisque ta pensée était à un autre.

(Avec exaltation.)

Ah ! les fils de noble famille sont de beaux arbres
Chargés d'une automne de fruits ;
Mais bientôt ils ressemblent à des buissons stériles
Quand ces oiseaux brillants, les courtisanes, ont passé.

VASANTASENA, à part.

Voilà des paroles sages qui ne viennent peut-être pas très à propos.

CARVILAKA

La fortune comme la femme est fille du serpent.
Il ne faut pas aimer celle qui se dérobe ;
Mais si tu la tiens...
Cueille le plaisir et passe.

Mobiles elles sont toutes
Comme la mer, et changeantes,
Et couleur des nuages
A l'heure du crépuscule.

(A Madanika.) Perfide ! j'eus bien tort d'épargner ce misérable brahmane... mais à l'occasion...

MADANIKA

Allons, diseur de paroles, c'est déraisonner

à perte de souffle et gesticuler devant rien. Expliquons-nous.

ÇARVILAKA

Je le veux.

MADANIKA

Et tu riras de savoir avec combien d'éclat tu rapportes cette parure à sa propriétaire.

ÇARVILAKA

Que veux-tu dire ?

MADANIKA, riant.

Ah ! ah ! tu es un charmant voleur et bien avisé et d'une complaisance rare !

ÇARVILAKA

Je ne te comprends pas.

MADANIKA

Cette parure appartient à ma maîtresse qui l'avait laissée en dépôt chez le seigneur Tchâroudatta.

ÇARVILAKA

En ce cas je suis volé ?

MADANIKA

Et voilà pourquoi je ris.

CARVILAKA

Mais je puis vendre ces colliers à un marchand étranger...

MADANIKA

Qui te volera certainement, lui aussi ? non, je sais un moyen de tout arranger.

CARVILAKA

Parle, dis-moi comment, car je vois bien que les femmes sont naturellement plus fortes que nous : elles devinent où nous avons besoin d'apprendre.

MADANIKA

Mon cher, cette parure n'est jamais sortie des mains du vertueux brahmane à qui tu l'as enlevée.

CARVILAKA

Quelle plaisanterie !

MADANIKA

Tu es l'envoyé du seigneur Tchâroudatta,

et tu rapportes cette parure à ma maîtresse : c'est bien simple.

CARVILAKA

Enfantillage! Où veux-tu en venir?

MADANIKA

Tu n'es plus un voleur ; le seigneur Tcharoudatta se trouve quitte, et ma maîtresse rentre en possession de son bien.

CARVILAKA

Mais notre bénéfice?

MADANIKA

Allons, rends la parure et tout s'arrangera.

VASANTASENA, à part.

Chère Madanika, c'est bien me connaître. Tu parles comme une femme libre.

CARVILAKA

Dans les nuits que n'éclaire pas la lune on trouve difficilement son chemin, mais grâce à toi j'ai rencontré une magnifique inspiration.

MADANIKA

Attends ici. Je vais prévenir ma maîtresse comme il convient.

CARVILAKA

Fais ce que tu voudras.

Madanika rentre au palais.

SCÈNE VII

CARVILAKA

CARVILAKA

Sans savoir où ce chemin conduit, j'aperçois une lumière, et guidé par les yeux de mon amie, je marche avec assurance dans les ténèbres.

SCÈNE VIII
Sur la terrasse.

VASANTASENA, MADANIKA

MADANIKA

Madame, c'est un envoyé du seigneur Tchâroudatta.

VASANTASENA

Qu'il soit le bienvenu celui qui se réclame du nom de mon ami ! Madanikâ, je n'ai rien à lui refuser. Qu'il entre.

MADANIKA

Je vous obéis, Madame. (Elle sort.)

SCÈNE IX

VASANTASENA

VASANTASENA

Comment n'absoudrais-je pas les ruses que l'amour inspire? Comment pourrais-je opposer une froide intelligence à l'ardeur généreuse dont il pénètre les âmes? L'amour est comme un soleil qui dissipe les vapeurs malsaines.

Il n'est pas de bien, il n'est pas de mal, et le cœur est invulnérable de celui qui s'est trempé dans les flammes de l'amour.

SCÈNE X

Sur la place.

MADANIKA

MADANIKA, à Çarvilaka.

Viens.

SCÈNE XI
Sur la terrasse.

VASANTASENA.

VASANTASENA

Celui qui aime est purifié, celui qui aime est innocent!

INTERMÈDE*

UN BANDHOULA ET DES COURTISANES S'AVANCENT A LA RENCONTRE DE ÇARVILAKA

TABLEAU I
Devant la porte.

LE BANDHOULA, à Çarvilaka.

Seigneur, qu'il vous plaise de nous suivre par des chemins agréables.

* On peut couper l'intermède, à la représentation.

CARVILAKA, les suivant.

Hi! oh! sans avoir mérité le *** surnaturel à grands frais de pénitence, je m'avance bien escorté vers la maison des filles célestes.

LE BANDHOULA

Voyez l'entrée des cours intérieures qui s'offre à vous.

CARVILAKA

Je vois la porte et son fronton d'ivoire ;
Je vois les étendards mouvants,
Comme des étoffes agitées de la main
Pour me dire d'entrer ;
Et les chapiteaux des pilastres
Ornés de vases cristallins ;
Et les panneaux intaillés d'or
Qui font penser à la poitrine d'un immortel
Marquée par les sillons de la foudre ;
Je vois la porte cruelle au désir du pauvre
Et qui attire de vive force
Les regards des ascètes.

LE BANDHOULA

Passons dans la première cour.

TABLEAU II

Dans la première cour.

CARVILAKA

Oh! oh!
Quelle perspective d'escaliers brillants !
La poussière du sol est un pollen embaumé.
Les fenêtres avec leurs guirlandes frangées
Reflètent les nuages comme des yeux d'enfant.
Assis sur des coussins le portier sommeille
Aussi profondément qu'un docteur brahmanique.

Avançons. Montrez-moi autre chose.

LE BANDHOULA

Passons dans la deuxième cour.

TABLEAU III

Dans la deuxième cour.

CARVILAKA

Ah, ah !
Voici des bœufs de litière aux cornes luisantes ;
Plus loin le buffle mugit comme un noble outragé ;
On frotte d'huile le cou du bélier semblable au lutteur ;
On peigne les chevaux aux crinières souples ;
Et l'éléphant délicat nourri de petits pains au beurre,
Et le singe attaché dans sa cage,
Comme un voleur dans la maison des liens...

Montrez-moi autre chose.

LE BANDHOULA

Passons dans la troisième cour.

TABLEAU IV

Dans la troisième cour.

ÇARVILAKA

Ah, ah !

Bel endroit de repos pour les désœuvrés !
Sur la table de jeu, parmi les dés,
Se déroule à demi un livre d'images.
Des filles aux ongles nuancés et des galants
Se sont rencontrés devant ces peintures.

Montrez-moi autre chose.

LE BANDHOULA

Passons dans la quatrième cour.

TABLEAU V

Dans la quatrième cour.

ÇARVILAKA

Ah, ah !

Les tambourins aux mains des jeunes filles
Agitent un joyeux tonnerre ;
Les cymbales choquées en traînée lumineuse
Tombent comme des étoiles
Dont le mérite est épuisé ;
Les flûtes et les voix sont excellemment douces ;
Les chœurs murmurés s'éloignent
Comme un essaim d'abeilles ivres ;
Et voici des danseuses qui miment le plaisir...
Partons... montrez-moi autre chose.

TABLEAU VI

Dans la cinquième cour.

LE BANDHOULA

Passons dans la cinquième cour.

CURVILAKA

Ah, ah !
Ici l'odorat savoure les odeurs appétissantes :
Ces fumets de cuisine sont un ravissement.
Un boucher lave des tripes ainsi qu'un vieil habit.
On sucre des friandises, on les frit, on les met au four.
— Serai-je pas invité ? —
Ce palais est le ciel même
Avec ses troupes de dieux et de musiciens...

(S'adressant à un groupe de bandhoulas.)

Dites-moi qui vous êtes, vous qu'on appelle bandhoulas ?

LES BANDHOULAS

Sans famille et sans maison,
Nous mangeons le pain d'autrui.
Nos pères sont des inconnus,
Nos mères, les femmes sans époux.
Libres de tout respect et pourtant très habiles,
Nous nous amusons dans la vie sans loi,
Comme les pet'ts éléphants sauvages.

ÇARVILAKA

Oh ! très bien. (A son guide.) Montrez-moi autre chose.

LE BANDHOULA

Passons dans la sixième cour.

TABLEAU VII

Dans la sixième cour.

ÇARVILAKA

Ah, ah !
C'est la cour des orfèvres et des lapidaires.
J'aperçois aussi des récoltes de parfums :
Du santal, des sachets de musc, des fleurs humides.
Les courtisanes rient avec leurs amants riches ;
Ils boivent...
          Les amants sans fortune
S'enivrent du fond de la coupe
Vidée par les filles joyeuses,

Montrez-moi autre chose.

LE BANDHOULA

Passons dans la septième cour.

TABLEAU VIII
Dans la septième cour.

CARYILAKA

Ah, ah !
Ici les colombes d'amour se caressent du bec ;
Le perroquet stupide et choyé répète
La leçon du Brahmane qui chante les Védas.
Le kokila ivre de fruits jacasse,
Comme une entremetteuse sur le seuil de sa porte.
Le paon danse avec joie
Et de sa queue aux larges yeux
Il évente les escaliers.
Certes ces grues aux longues jambes
Font penser aux graves eunuques.
Hi ! oh ! La courtisane aime les oiseaux.

Montrez-moi autre chose.

LE BANDHOULA

Passons dans la huitième cour.

ÇARVILAKA

Oh, oh ! Quelle est cette femme vêtue d'un manteau de soie et chargée de parures, assise sur un siège haut avec des sandales brillantes ?

LE BANDROULA

C'est la mère de notre maîtresse.

ÇARVILAKA

Fameux ventre ! Sans doute on n'a construit les portes étroites qu'après l'avoir fait entrer ici, comme une statue de Mahâdeva ?

MADANIKA, intervenant.

Tu ne dois point te moquer ainsi de notre mère. Elle souffre d'une maladie fiévreuse.

ÇARVILAKA

Divine fièvre ! Puisses-tu affliger de même tous les jeuneurs de ma condition.

MADANIKA

Quelle indigne plaisanterie !

ÇARVILAKA

Non, je pense seulement que si une tortue aussi pesante que cette vieille engraissée venait à mourir, il y aurait de quoi manger pour plus de mille chacals. — Madanika, je suis bien aise d'avoir visité un palais si séduisant ; mais ne verrai-je pas la princesse de ces merveilles ?

MADANIKA

Je vais te mener auprès d'elle.

Ils sortent.

FIN DE L'INTERMÈDE

SCÈNE XII

Sur la terrasse.

VASANTASENA, ÇARVILAKA, MADANIKA

ÇARVILAKA, à Vasantasena.

Je vous salue, Madame, je vous salue !

VASANTASENA

Asseyez-vous. J'écouterai ce que vous avez à me dire.

CARVILAKA

Voilà ! c'est peu de chose : le seigneur Tcharoudatta m'a prié de vous remettre cette cassette. Il faut que je vous remette cette cassette, et que je m'en aille. (Il dépose la cassette et veut sortir.)

VASANTASENA

Oh ! mais, ne partez pas si vite. J'ai moi aussi quelque chose à vous remettre.

CARVILAKA

Madame, je n'accepterai pas.

VASANTASENA

Écoutez-moi. Ne voulez-vous pas vous charger de quelque chose pour celui qui vous envoie ?

CARVILAKA

C'est que... Madame...

VASANTASENA

Emmenez Madanika.

CARVILAKA

Emmener Madanika, je ne vous comprends pas.

VASANTASENA

Moi, je comprends, cela suffit.

CARVILAKA

M'expliquerez-vous ?...

VASANTASENA

Le seigneur Tchâroudatta m'a dit de donner Madanikâ au porteur de cette parure. C'est un point convenu entre nous. — C'est donc lui qui vous la donne. — Et je sais d'autre part que vous et ma servante êtes d'accord sur certain projet. Enfin comprenez-vous ?

CARVILAKA

Madame, madame, j'ai peur de comprendre et je crois que les dieux... que vous... êtes trop bonne... que le seigneur Tchâroudatta mérite tous les hommages et qu'il est le premier au dessus des plus grands... et que je ne suis qu'une bête.

VASANTASENA

Bien, bien. (A Madanikâ.) Mon cocher est-il là ?

MADANIKA

Madame, votre litière est préparée. Mais laissez-moi vous dire...

VASANTASENA

Madani, tu prendras cette litière avec les bœufs que je te donne. Va, ma petite amie et ne m'oublie pas.

MADANIKA, se jetant aux pieds de Vasantasena.

Comment pourrai-je vous remercier ? Comment pourrai-je vous quitter, Madame ?

VASANTASENA

Relève-toi. Cette posture ne convient pas à celle qui portera désormais le titre d'épouse.

CARVILAKA, s'agenouillant aussi.

Madame, vous avez maintenant deux esclaves.

VASANTASENA

Allez... je suis heureuse de votre bonheur.

SCÈNE XIII

UN CRIEUR

Au dehors.

LE CRIEUR

A tous ici présents, et dans cette ville, par ordre du gouverneur !

Le roi Pâlaka, ému de la foi qu'on accorde à une prophétie menteuse, aux termes de laquelle un berger nommé Aryaka serait un jour proclamé roi, a fait arrêter cet homme dans l'étable qu'il habitait. Le berger Aryaka finira ses jours dans une prison ; et le même sort attend ceux qui prendront son parti. — En conséquence, restez sans rien craindre dans vos maisons.

SCÈNE XIV

Sur la terrasse.

ÇARVILAKA, MADANIKA, VASANTASENA

ÇARVILAKA, *avec exaltation.*

Avez-vous entendu ?

MADANIKA

Oui, mais cela ne nous regarde pas.

ÇARVILAKA

Pitié ! Je vous dis que cela nous regarde tous, quand un homme est emprisonné pour le bon plaisir du roi. (Un silence.) Le berger Aryaka était mon ami... je ne l'oublierai pas.

VASANTASENA

Souvenez-vous aussi que le roi est le maître des supplices.

ÇARVILAKA

Je sais que le destin est le maître du roi.

MADANIKA

Ton devoir n'est-il pas de veiller sur moi ?

CARVILAKA

Demeure ici, Madanika, jusqu'à ce que j'aie accompli la tâche qui me réclame.

VASANTASENA

Je vous assure, mon ami, que les hommes de sa caste, les bouviers et les artisans, ne prendront pas sa défense.

CARVILAKA

Ces hommes sont ignorants et la pauvreté les a rendus timides ; ils n'ont que des vertus de résignation ; mais ils sont forts comme un troupeau débordant. Enfin, il ne s'agit pas d'eux, mais de moi.

VASANTASENA

Vous oubliez Madanika.

CARVILAKA

Les circonstances commandent. D'un côté il y va de mon tranquille bonheur, et de l'autre, de la vie de mon ami, de l'intérêt de tous et de l'accomplissement des volontés supérieures. L'homme qui se considère seul ne connait pas les grandes joies du dévouement.

MADANIKA

Mais tu ne peux rien.

VASANTASENA, à part.

Son courage inutile me séduit comme une chose belle.

CARVILAKA

A moi de soulever maintenant des gens de ma famille, d'aller prêcher la révolte aux débauchés, aux bandhoulas, aux mendiants et aux guerriers ; à moi de grouper les mécontents et les ambitieux, pour que ce qui doit être s'accomplisse par toutes les voies.

VASANTASENA

C'est tenter une chose folle et coupable aux yeux de beaucoup, mais la noblesse de vos intentions vous absout auprès des cœurs généreux.

MADANIKA

Que deviendrai-je à présent ?

VASANTASENA

Tu resteras ici, près de moi, si tu le veux.

ÇARVILAKA

Madame, je vous remercie. Vous avez dissipé dans mon esprit les préjugés que nous conservons sur les courtisanes. Loin de connaître en vous une esclave de la volupté et des désirs cupides, vous m'êtes apparue libre et capable d'inspirer aux hommes de belles pensées.

Certes le seigneur Tchâroudatta qui mérita votre amour a dû s'en rendre digne par maintes et maintes épreuves en des existences nombreuses. Et tous les deux, parmi tant de cœurs arides, vous êtes comme des oiseaux posés sur les buissons desséchés de la vie.

MADANIKA

Ami, pense à toi-même et pense à moi, qui resterai veuve avant d'être épouse.

VASANTASENA, à Çarvilaka.

Vous n'avez pas vécu dans ces sentiments-là ?

ÇARVILAKA

Oh, la vie n'est pas simple !.. Mais je me

suis toujours écarté des conditions ordinaires de l'existence. — Adieu, Madame, adieu Madanikâ.

MADANIKA, à Carvilaka.

Reviens, reviens vite.

CARVILAKA

Je reviendrai... peut-être. (Il sort.)

SCÈNE XV

VASANTASENA, MADANIKA

MADANIKA, en pleurant.

Maîtresse, il ne reviendra jamais.

VASANTASENA

Peut-être. Ne pleure pas, Madanikâ. Je pense que tu ne devrais pas pleurer maintenant que tu es une femme libre.

MADANIKA

Pourquoi, Madame ?

VASANTASENA

Il me semble que dans cette circonstance ton attendrissement est un sentiment d'esclave.

MADANIKA

Je ne vous comprends pas.

VASANTASENA, *après un silence.*

Les dernières paroles de Çarvilaka m'ont frappée.

MADANIKA

Que disait-il ?

VASANTASENA

Il disait : « Je me suis toujours écarté des conditions ordinaires de l'existence... »

MADANIKA

C'est bien la vérité.

VASANTASENA

Il me semble que nous pourrions presque

en dire autant, nous qui n'avons connu que la vie des courtisanes... Enfin ! je ne veux pas méditer cela plus avant ; mais maintenant le repos m'est insupportable. Madanikâ je vais sortir : il me tarde de parler de ces choses à mon vertueux ami le seigneur Tchâroudatta.

MADANIKA, *regardant le ciel.*

Voyez, voyez, Madame, cet orage qui nous menace. — On ne peut point sortir à cette heure.

VASANTASENA

Que les nuages se groupent en formes menaçantes, que la nuit tombe, et que la pluie d'orage détrempe les chemins, mon cœur soupirant ne connait rien qui le retarde. — Partons !

FIN DU DEUXIÈME ACTE

TROISIÈME ACTE

Même décor qu'au premier acte. — Vue de jour. — L'orage gronde par intervalles. — Il pleut.

SCÈNE I
Dans la maison.

TCHAROUDATTA, MAITREYA

TCHAROUDATTA

Qui voudra croire à ce vol ? — Je sais combien la pauvreté est suspecte.

MAITREYA

Moi, je nierais le dépôt. Je demanderais qui a donné cette parure, qui l'a reçue, où sont les témoins. Il n'y avait pas de témoins.

TCHAROUDATTA

Moi, j'irai chez Vasantasenâ, et, pour m'acquitter envers elle, je lui remettrai mon collier de perles, dernier reste de la fortune passée.

MAITREYA, avec indignation.

Notre collier de perles ! un trésor fourni par quatre océans !... en échange d'objets que nous n'avons pas même examinés, des objets sans valeur dont nous n'avons ni mangé, ni goûté, et que les voleurs nous ont pris.

TCHAROUDATTA

Ma détermination est ferme. J'inventerai quelque fable : je dirai que j'ai perdu au jeu.

MAITREYA

Vous croyez peut-être qu'elle n'acceptera pas ; mais songez, très noble ami, que la Vasantasenâ est une courtisane ; elle acceptera, j'en suis certain, je connais les courtisanes : elle acceptera ; et vous nous ruinerez pour de vains scrupules.

TCHAROUDATTA

Donne-moi mon manteau.

MAITREYA

Attendez encore, réfléchissez ; attendez au moins la fin de l'orage.

TCHAROUDATTA

Je n'ai déjà que trop tardé.—Il ne me convient pas d'agir comme un avare.

MAITREYA

Un pauvre est-il avare ?

TCHAROUDATTA

Je ne suis pas pauvre ; le pauvre est sans énergie ; moi, je possède encore un trésor rare : j'ai conservé ma volonté entière.

MAITREYA, sur la porte.

Il fait un temps affreux.

TCHAROUDATTA, regardant le ciel.

L'horizon est couvert de vapeurs aussi noires que le ventre du buffle mouillé.

MAITREYA

La pluie tombe rapidement des mamelles de la nuée.

TCHAROUDATTA

Mille formes chassées par le vent s'en vont avec ma pensée. Les nuages se groupent et se dispersent comme des cygnes en exil.

MAITREYA

Le paon orgueilleux salue le tonnerre.

TCHAROUDATTA

Et les éclairs festonnent d'or et de flamme les franges du manteau du ciel traînantes jusqu'à terre.

MAITREYA, regardant au loin.

Ne vous hâtez pas de partir. Savez-vous qui vient par ce temps ?

TCHAROUDATTA

Vient-on chez nous ?

MAITREYA

C'est la courtisane, c'est Vasantasena elle-même ; aucune autre n'a cette démarche gracieuse et tentatrice ; c'est bien la courtisane, c'est notre créancier.

TCHAROUDATTA

Maitreya, bon ami, il faut que tu reçoives cette jeune femme ; moi, je n'oserai jamais lui avouer... Maitreya, remets-lui toi-même le collier. (Il donne le collier à Maitreya.)

MAITREYA

Le collier de perles !

TCHARODATTA

Cher Maitreya, rends-moi ce service.

MAITREYA

La commission n'est pas de mon goût ; mais puisque vous y tenez, je ferai ce qu'il vous plaira.

TCHAROUDATTA

Je reviendrai tout à l'heure. (Il sort.)

MAITREYA

Ne nous laissez pas trop longtemps. La courtisane ne vient pas ici pour moi.

SCÈNE II

Au dehors.

VASANTASENA

VASANTASENA

La nuit imprévue comme une rivale
Semble me barrer la route.
Malgré la pluie et les éclairs,
C'est encore un beau temps,
Pour la femme qui va vers l'amour.

SCÈNE III

Dans la maison.

MAITREYA

MAITREYA

Cachons le collier pour ne pas éveiller sa convoitise. — Maintenant je voudrais bien lui offrir un verre d'eau.

On frappe à la porte ; il ouvre.

SCÈNE IV

MAITREYA, VASANTASENA

VASANTASENA

Salut au seigneur Maitreya.

MAITREYA

Madame, je vous salue.

VASANTASENA

Votre ami se porte-t-il bien? Est-il à la maison?

MAITREYA

Le seigneur Tchâroudatta est absent en ce moment, mais il ne tardera guère. (Silence embarrassé.) Entrez, Madame, j'ai quelque chose à vous dire.

VASANTASENA

Vous êtes tout mystérieux, honorable brâhmane.

MAITREYA

Madame, vous plairait-il d'entrer? Nous ne pouvons que difficilement nous expliquer sous la pluie.

VASANTASENA

Je serais désolée si vous vous enrhumiez ; entrons !

MAITREYA, à part.

Je crois qu'elle se moque de mon front découvert. (A Vasantasena.) Prenez un siège, madame.

VASANTASENA, s'asseyant.

Et maintenant puis-je savoir ?

MAITREYA, avec un soupir.

Madame, le seigneur Tcharoudatta dont j'ai toujours partagé la fortune et l'infortune, se proposait d'aller vous voir au sujet de certaine parure.

VASANTASENA

Je venais justement pour vous dire...

MAITREYA

Laissez-moi vous expliquer. — Mon ami

Tchâroudatta, le meilleur des amis, le plus excellent homme, l'exemple de toutes les difficiles vertus, enfin... mon ami est joueur.

VASANTASENA

Que me dites-vous là ? Il est vrai que le jeu est une noble passion.

MAITREYA

Oui, joueur effréné ; si bien que ce matin ayant engagé, confiant en sa chance, votre coffret de bijoux dans une maison de jeu, ce dépôt lui a été dérobé par le tenancier de la maison qui est un agent du roi.

VASANTASENA, à part.

Dans la bouche de mon ami le mensonge même devient honorable.

MAITREYA

Eh bien, Madame, que dites-vous de cela ?

VASANTASENA

Je dis, seigneur Maîtreya, que vous avez beaucoup d'imagination et que votre ami est infiniment aimable. Continuez.

MAITREYA, avec un soupir.

Puisqu'il faut continuer, je dois vous dire, Madame, que mon ami vous prie d'accepter, en échange de la parure un collier de perles. Nous ne sommes pas riches, mais nous avons encore un collier de perles... ah ! c'est le dernier.

VASANTASENA, à part.

Quelle délicatesse !

MAITREYA

Consentiriez-vous à le prendre ?

VASANTASENA

Montrez-le moi d'abord.

MAITREYA

Le voici.

VASANTASENA

Pourquoi n'y consentirais-je pas ? (Elle prend le collier). Je n'ai jamais reçu de plus précieux présent que celui-là. Allez donc dire au seigneur Tchâroudatta combien il me tarde de l'en remercier.

MAITREYA

Madame, je vais lui dire... (En sortant et à part.) ce que je pense.

VASANTASENA, rappelant Maitreya.

Seigneur Maitreya, connaissez-vous ceci ? (Elle lui présente la cassette aux bijoux qu'elle dissimulait sous son écharpe.)

MAITREYA

Divin Ganéça ! Mais c'est notre cassette ! Je veux dire que ce sont vos bijoux, les bijoux qui nous ont été volés... ou bien la ressemblance m'abuse... et cependant... enfin, Madame, que dites-vous de cela ?

VASANTASENA

Je dis, seigneur Maitreya, que vous avez beaucoup d'imagination et que votre ami est infiniment aimable.

MAITREYA

Madame, il ne faut pas vous moquer de deux pauvres brâhmanes qui n'ont pour fortune qu'un collier de perles, et vous m'expliquerez comment cette cassette est revenue entre vos mains.

VASANTASENA

C'est un détail sans importance que je vous confierai plus tard; pour l'instant, il me tarde seulement de voir votre ami que j'aime de tout mon cœur. Allez donc lui dire cela.

MAITREYA

Ajouterai-je que vous acceptez le collier?

VASANTASENA

Allez donc, seigneur Maitreya. Ne comprenez-vous pas les femmes? Dites-lui seulement que, bravant l'orage, une dame souriante est venue dans la maison de son amant.

MAITREYA, entre ses dents.

Ces courtisanes sont des femmes dangereuses.

(Il sort.)

SCÈNE V

VASANTASENA

VASANTASENA

Même après que ses fleurs sont tombées, l'arbre mango répand des gouttes de sève odorante. — Jamais je ne rencontrai une délicatesse si grande unie à tant de généreux orgueil. (Entr'ouvrant le coffret.) Parures, vous n'êtes rien auprès de semblables vertus. Celui-là seul est riche qui, pareil à mon ami, donne encore lorsqu'il n'a plus rien et qui se prodigue jusque dans la pauvreté.

Que mon ami soit béni ! Mieux qu'avec des joyaux il m'a parée à mes propres yeux. Maintenant la courtisane a connu l'amour et son cœur s'est embelli.

SCÈNE VI

TCHAROUDATTA, VASANTASENA

TCHAROUDATTA

Je vous salue, Vasantasena.

VASANTASENA, s'approchant de Tcharoudatta et le touchant avec une fleur.

Joueur, allez-vous bien ce soir?

TCHAROUDATTA

Loin de vous je n'avais ni repos ni sommeil;
L'inquiétude et le désir consumaient ma vie;
Mais vous venez, belle aux grands yeux,
Et d'une main légère vous chassez mes peines
   Avec ces fleurs.

VASANTASENA

Près de vous je frissonne, doux maître, je frissonne...
Et délicieusement mes yeux se ferment,

TCHAROUDATTA

Que maintenant l'orage gronde,
Que toute la nature s'embrase !
Vasantasenâ, je ne sais rien
Sinon que vous êtes là, sur mon cœur,
Et que perdus, mêlés l'un à l'autre,
Nous sommes, comme la terre et l'onde,
Confondus dans les éclairs.

VASANTASENÂ

Oui, mon ami...

TCHAROUDATTA

Heureux ceux qui s'aiment !
Heureux l'amant qui pendant l'orage
Réchauffe sur sa poitrine
La bien-aimée aux membres mouillés
Et refroidis par l'eau des nuages.

SCÈNE VII

Au dehors.

UN CRIEUR

LE CRIEUR

Holà ! portiers, veillez à l'entrée des maisons. Le fils du bouvier a brisé ses liens ; il a tué son geôlier et s'est évadé. — Défense sous peine de mort de lui donner asile !

SCÈNE VIII

Au dehors.

DES SOLDATS ET DES HOMMES DU PEUPLE

LES SOLDATS ET LES HOMMES DU PEUPLE, *traversant la scène en courant.*

Arrêtez le fils du bouvier ! arrêtez-le ! arrêtez-le !

SCÈNE IX

Dans la maison.

VASANTASENA, TCHAROUDATTA

VASANTASENA

Que se passe-t-il ?

TCHAROUDATTA

Tout le peuple est en mouvement.

VASANTASENA

Avez-vous su l'arrestation d'Aryaka ?

TCHAROUDATTA

Le crieur annonçait sa fuite. Je tremble pour lui. Écoutez...

On entend les cris de la foule.

SCÈNE X

Au dehors.

DEUX PASSANTS

PREMIER PASSANT

Rentrons-vite, effaçons-nous. Si quelqu'un s'avisait de dire que je suis le fils du bouvier, avant la preuve du contraire je serais écharpé.

DEUXIÈME PASSANT

Quand le roi est en colère, il ne fait pas bon flâner sur les routes.

Les cris de la foule s'éloignent.

SCÈNE XI

Dans la maison.

TCHAROUDATTA, VASANTASENA

TCHAROUDATTA

Écoutez, écoutez...

VASANTASENA

Ils ont pris le chemin de la mer.

SCÈNE XII

Au dehors.

TROIS CITADINS

PREMIER CITADIN, au deuxième.

C'est un éléphant furieux qui s'est échappé, n'est-il pas vrai, seigneur ?

DEUXIÈME CITADIN

Il s'agit bien d'un éléphant ! C'est le fils du bouvier.

PREMIER CITADIN

Est-ce que vous le connaissez ?

DEUXIÈME CITADIN

Imbécile, il s'agit bien de cela !

PREMIER CITADIN

Seigneur !

TROISIÈME CITADIN

Cent pièces d'or à qui l'arrêtera. On a promis cent pièces d'or.

DEUXIÈME CITADIN

Et vous me retenez ?.. (Il le bouscule.)

LE PREMIER CITADIN, (se relevant.)

Cent pièces d'or !.. (Il suit les autres en courant.)

SCÈNE XII

Dans la maison.

TCHAROUDATTA, VASANTASENA

TCHAROUDATTA

Cet Aryaka est un brave homme.

VASANTASENA

Le roi est bien mal avisé.

TCHAROUDATTA

Il ne s'est résolu, dit-on, à cette violation du droit que sur les conseils du prince Samsthânaka, son beau-frère.

VASANTASENA

L'abominable prince ! Pensez-vous qu'il puisse longtemps encore terroriser la ville ?

TCHAROUDATTA

Le peuple est habitué à souffrir.

Les cris de la foule se font entendre au loin.

VASANTASENA

Ils sont comme une meute de chiens dociles. Ils vont avec celui qui les mène à coups de fouet. Aryaka et ses partisans sont perdus.

TCHAROUDATTA

La puissance des rois est souvent contrariée par la volonté des dieux. La volonté des dieux vient aussi se briser contre la destinée.

SCÈNE XIII

LES MÊMES, MAITREYA

MAITREYA

Et c'est pourquoi ne nous mêlons de rien : cela ne nous regarde pas. Restons à couvert quand il pleut des coups.

SCÈNE XIV
Au dehors.

DEUX POLICIERS

PREMIER POLICIER

Nous le tenions.

DEUXIÈME POLICIER

Il s'est enfui par ici.

PREMIER POLICIER

Non, par là.

Ils sortent en courant.

SCÈNE XV

ARYAKA

ARYAKA, se hasardant hors d'un trou de mur.
(Il traine un bout de chaine à ses pieds.)

J'ai pu les dépister mais ils vont revenir, et je suis sans armes. (Il regarde à droite et à gauche.) Où m'adresserai-je? — à des portes closes, à des cœurs fermés. Ho! est-ce qu'il y a un homme par ici? (Il rit rageusement.) Non, c'est une ville déserte, une ville peuplée de rats. Il n'y a pas un seul homme dans toute la ville. Çarvilaka ne m'aura délivré que pour nous perdre tous les deux. Je courais moins de danger dans ma prison que parmi la foule, car maintenant je suis comme le prisonnier d'une barque qui, pour s'évader, plonge au milieu des flots hostiles.

SCÈNE XVI

ARYAKA, ÇARVILAKA

ÇARVILAKA

Silence ! tu es fou. Fuyons sans perdre un moment. Je les entends qui reviennent.

ARYAKA

Frère, c'est toi qui es fou. Tout est perdu.

ÇARVILAKA

Tais-toi.

ARYAKA

Veux-tu que nous jouions aux dés ? C'est le moment de prendre ta revanche.

Il rit. Çarvilaka l'entraîne.

ÇARVILAKA, reconnaissant la maison de Tchâroudatta.

Les dieux sont avec nous. Voici la maison d'un brave homme. Il n'y a pas à hésiter.

Il frappe à la porte.

ARYAKA

Penses-tu qu'on va nous recevoir ? Connais-tu la maison ?

ÇARVILAKA

Je connais la maison. J'y ai fait une marque.

SCÈNE XVII

ÇARVILAKA, ARYAKA, TCHAROUDATTA, MAITREYA, VASANTASENA

TCHAROUDATTA, ouvrant la porte.

Qui êtes-vous ?

ARYAKA

Je suis Aryaka.

TCHAROUDATTA

Aryaka, le fils du bouvier ?

ARYAKA

Lui-même.

TCHÂROUDATTA

Entrez.

ARYAKA

Seigneur, vous exposez votre vie pour nous. Le savez-vous?

TCHAROUDATTA

Entrez.

ÇARVILAKA, bas à Aryaka.

Il n'était pas besoin de dire cela. (Il aperçoit Vasantasenâ.) Ah, Madame, nous sommes sauvés!

MAITREYA

Ah, madame, nous sommes perdus!

ARYAKA, à Tchâroudatta.

C'est à votre protection que je dois mon salut, — je ne l'oublierai jamais.

TCHAROUDATTA, souriant.

Je n'ai pas oublié ceci : « L'homme qui abandonne celui qui l'implore est abandonné lui-même par les dieux protecteurs. »

ARYAS

Vous avez une mémoire courageuse.

MAITREYA, effaré.

Messieurs les brigands, cachez-vous, je vous en prie... Jetez votre chaîne dans le puits... Ah! qu'allons-nous devenir. Venez avec moi ; il faut vous cacher. (Il les entraîne.) La route est pourtant large ; il y a bien de la place ailleurs. Est-ce que vous croyez qu'on est en sûreté ici ? — Les voleurs y entrent comme chez eux.

Ils sortent.

SCÈNE XVIII

TCHAROUDATTA, VASANTASENA

TCHAROUDATTA

Me pardonnerez-vous Vasantasena ?

VASANTASENA

Je vous aime.

TCHAROUDATTA

Non, Vasantasenâ, je n'aurais pas dû vous engager dans ce péril, mais il m'a semblé que la destinée menait ces malheureux vers moi.

VASANTASENA

Je vous aime de plus en plus.

TCHAROUDATTA

Chère !... j'irai voir s'ils sont bien cachés, car il se peut que tout à l'heure les soldats viennent ici.

Il sort.

SCÈNE XVIII

Au dehors.

DEUX POLICIERS

LE DEUXIÈME POLICIER

Vous vous trompiez ; je vous le disais : il n'a pas dépassé cette place.

PREMIER POLICIER

Je vais aviser à le retrouver.

DEUXIÈME POLICIER

S'il était entré dans cette maison ? — C'est l'ordre du roi de fouiller partout... et je suis le soldat du roi.

PREMIER POLICIER

Et moi que suis-je donc ? N'oublie pas que tu es sous mes ordres. J'avais justement l'intention de fouiller la maison, mais je n'ai pas besoin que tu m'indiques ce qu'il convient de faire.

DEUXIÈME POLICIER

Alors, nous entrons ?

Il veut frapper à la porte.

PREMIER POLICIER, *l'arrêtant.*

Nous entrerons, si je veux.

DEUXIÈME POLICIER

Je vous dis, moi, que j'entrerai.

Une seconde fois il veut heurter à la porte de Tcharoudatta, mais le premier policier le renverse et le frappe.

PREMIER POLICIER

Fils de chacal, est-ce ainsi que tu comprends la discipline et ce que tu me dois ? Je t'apprendrai à respecter l'autorité du roi.

DEUXIÈME POLICIER

Pitié, pitié, seigneur !

PREMIER POLICIER

Eh bien, relève-toi et marche. Je t'apprendrai à raisonner, à donner des ordres ! Je te ferai voir ce que c'est que l'autorité du roi.

Ils s'éloignent.

SCÈNE XIX

Dans la maison.

VASANTASENA, RADANIKA, ROHASENA

L'orage a cessé. Radanika la servante, traînant un petit chariot de terre cuite, entre suivie par Rohasena, le fils de Tchâroudatta, qui se frotte les yeux en pleurant.

RADANIKA

Viens, mon chéri, nous allons jouer avec le petit chariot.

ROHASENA

Non, Radanikà, je ne veux pas jouer, moi ; je ne veux pas de ton vilain chariot de terre cuite ; je veux jouer avec le chariot d'or : donne-moi un chariot d'or.

RADANIKA

Tu sais bien qu'il n'y a pas d'or chez nous. Où veux-tu que j'en prenne ? Quand ton père sera redevenu riche...

ROHASENA

Plus riche que le voisin.

RADANIKA

... Alors tu auras un beau, un très beau chariot.

ROHASENA

Un chariot tout en or, oui, oui.

RADANIKA

Ne pleure plus. Vois la belle dame. Va dire bonjour à la dame. (Elle s'avance vers Vasantasenâ.) Maîtresse, je vous salue.

VASANTASENA

A qui donc est cet enfant, ce bel enfant ?
Dis-moi quel est ton papa, mon chéri.

Elle prend l'enfant sur ses genoux.

ROHASENA

Mon père s'appelle Tchâroudatta, et moi
je m'appelle Rohasena, le fils de Tchâroudatta, et ça tout le monde le sait.

VASANTASENA

J'aurais dû le savoir aussi, mon chéri, car
tu es si beau. Embrasse-moi. (*L'enfant l'embrasse.*)
Oui, tu ressembles à ton père trait pour trait.

RADANIKA

Il aura certainement le caractère de son
père.

VASANTASENA

Mais pourquoi pleurait-il ?

RADANIKA

Oh ! ce n'est rien. Il n'y pense déjà plus.

ROHASENA

Si, si, j'y pense.

RADANIKA

Hier, il s'est amusé avec un petit chariot doré appartenant au fils du voisin qui le lui a repris; aujourd'hui, comme il le redemandait, je lui ai donné ce chariot de terre cuite, mais il n'en veut pas.

ROHASENA

Je ne veux pas de celui-là, donne-moi le chariot d'or.

VASANTASENA

Je comprends bien : c'est la prospérité d'autrui qui cause déjà son chagrin.

Destin, puissance dernière, injustice suprême,
Toi, tu t'amuses avec les hommes,
Comme avec des jouets fragiles.
    A cause de tes caprices,
Leur bonheur est fuyant et s'évapore,
    Goutte d'eau offerte au soleil
    Dans un calice de lotus.
Nous pouvons consoler les enfants ;
Mais les hommes que tu as brisés,
Comment les consolerons-nous ?

Enfant, ne pleure plus, tu auras un chariot d'or pour t'amuser.

ROHASENA

Tout de suite ?

VASANTASENA

Oui, tout de suite.

ROHASENA

Oh ! madame, comme tu es gentille. Dis, Radanika, comment qu'elle s'appelle la dame si gentille ?

VASANTASENA

Je suis l'esclave de ton père.

ROHASENA

Non, non.

RADANIKA

C'est ta mère, mon enfant.

ROHASENA

Tu ne sais pas ce que tu dis. Si cette dame était ma mère à moi, elle ne serait pas si bien habillée.

VASANTASENA

Petit, ta bouche naïve prononce des paroles bien cruelles. (Elle se dépouille en pleurant de ses parures.) Maintenant, je suis ta mère. Et vois, je t'obéis à toi aussi : je te donne ton chariot. Prends ces bijoux pour acheter un chariot d'or.

ROHASENA

Non. Je n'en veux pas, si vous pleurez ; mais si vous ne pleurez pas, j'en veux. Et puis, si vous pleurez, je vais pleurer aussi, moi, — voilà ; et puis ma bonne pleurera aussi, — voilà ; et puis papa pleurera aussi : — voilà.

VASANTASENA

Enfant, je ne suis pas venu vous apporter mes peines. Va, je ne pleurerai plus. Tu vois, je ris maintenant.—Prends tout cela pour t'amuser. (Elle remplit le chariot de ses bijoux.) Vois-tu ? — maintenant c'est un chariot d'or.

FIN DU TROISIÈME ACTE

QUATRIÈME ACTE

Le vieux jardin Poushpakarandaka. — Végétation écroulée et lianes remontantes ; arbres entrelacés, idoles aux cent bras ; silence de feuilles jonchant les allées ; et le mystère de la nuit tombante.

SCÈNE I

UN RELIGIEUX BOUDDHISTE

LE RELIGIEUX BOUDDHISTE, son manteau à la main.

« A quoi bon se raser la tête et le visage si l'esprit n'a pas renoncé aux orgueils ? — L'homme qui se connaît dans l'ensemble du monde a compris d'où vient le malheur ; il a remonté le fleuve des existences troublées ; il a vu que le désir est à la source de ce qui passe et de ce qui souffre. — Le sage est rentré en lui-même. Sans égard pour les apparences de son être inconsistant, il apaise l'irritation de son cœur ; il se disperse dans les choses et se reconnaît en elles, après avoir brisé le miroir des douleurs. Et, s'il se reprend, c'est en dehors des espaces fuyants et du temps insaisissable, dans la vérité de l'être immobile. »

Ainsi parla le Guide que j'ai choisi, celui qui ne meurt pas, celui qui ne trahit pas : le Bouddha souriant.

J'irai maintenant laver dans le lac ce vêtement sali par la poussière des chemins terrestres.

Il se dirige vers le lac.

UNE VOIX, derrière la scène.

Arrête, mauvais çramana !

LE RELIGIEUX

Qui vient là ? — Hélas ! c'est le prince Samsthânaka, celui qui persécute les religieux. Hier encore, il en a fait arrêter un que l'on promena dans la ville, après lui avoir percé le nez comme à un bœuf. Où chercherai-je un refuge dans cette extrémité ? Que Bouddha soit mon défenseur !

SCÈNE II

SAMSTHANAKA, LE VITA, LE RELIGIEUX

SAMSTHANAKA

Arrête, mauvais çramana ! Je suis content de te rencontrer, imbécile ! Je vais te faire craquer la tête, comme on broie avec ses dents une tête de radis rouge.

LE VITA

Prince, laissez-le donc en paix, ce pauvre qui porte le vêtement rouge pâle de l'humilité... Vous vous échauffez inutilement. Continuons notre promenade sous ces arbres où il fait bon marcher en causant.

SAMSTHANAKA

Oui, ne trouves-tu pas que ce piteux personnage est venu maladroitement nous déranger ?

LE VITA

Que vous importe cet homme ? — Vous continuerez la tradition de vos pères qui voulurent que ce jardin ombragé d'arbres fût ouvert aux malheureux sans asile. La présence de ces vagabonds dans un jardin royal est une chose charmante et inattendue, qui fait penser à la beauté d'une terre inculte et aux secrètes qualités que renferme le cœur d'un méchant.

LE RELIGIEUX, au prince.

Serviteur de Bouddha, ne vous mettez pas en colère contre un pauvre homme.

SAMSTHANAKA

Tu vois que c'est lui qui recommence ; maître, tu l'entends : il m'appelle serviteur.

LE VITA

... Serviteur de Bouddha. Il a cru vous flatter.

SAMSTHANAKA

Eh bien ! qu'il garde ses éloges pour lui... (Au religieux.) Tu ne me connais pas, mais je t'apprendrai à me connaître. (Au Vita.) Maître, qu'est-ce qu'il vient chercher ici ?

LE RELIGIEUX

Je ne voulais que laver mon vêtement dans l'eau de l'étang où boivent les chiens.

SAMSTHANAKA

Ah ! tu viens laver dans mon lac de lotus tes hardes qui puent et qui ont la couleur du bouillon de vieux haricots ! (Au Vita.) Maître, tu vois qu'il fait tout ce qu'il peut pour m'irriter.

LE VITA

Laissez-le seulement partir, et vous n'en souffrirez plus.

LE RELIGIEUX

Hommage à Bouddha ! (Il veut partir.)

SAMSTHANAKA

Non, non, tiens-toi là. Il faut que je prenne conseil.

LE VITA

De qui ?

SAMSTHANAKA

De mon cœur.

LE VITA

Le pauvre homme n'est pas encore parti.

SAMSTHANAKA

Mon petit cœur, mon petit maître, je ne vous ai jamais fait de peine, maintenant répondez-moi. Faut-il que ce çramana s'en aille ou qu'il reste ? (Un silence. Au Vita.) Maître j'ai pris conseil de mon cœur.

LE VITA

Et que vous a-t-il répondu?

SAMSTHANAKA

Il m'a répondu: « Qu'il ne parte, ni ne reste, qu'il ne veille ni ne dorme. »

LE RELIGIEUX

Hommage à Bouddha !

LE VITA

Ce qui veut dire ?

SAMSTHANAKA

Ce qui veut naturellement dire : qu'il soit à l'instant mis à mort.

LE VITA

Prince, si vous écoutez votre cœur, vous n'avez pas fini de souffrir. C'est un maître capricieux et qui vous mènera loin. Je vous trouve bien bon.

SAMSTHANAKA

Tiens, tu as raison, toi. Après tout, qu'ai-je à faire des conseils de mon cœur ? (Au religieux). Va-t'en, mais va-t'en vite, car si je te rattrape... (Il fait mine de poursuivre le religieux). Hommage à Bouddha ! Ah ! ah ! je lui ai fait une peur !

SCÈNE III

SAMSTHANAKA, LE VITA

LE VITA

Voyez comme l'horizon qu'on découvre de

ce jardin est beau. Une fraîcheur délicieuse tombe des arbres, et la ville heureuse s'endort à nos pieds, et plus loin la mer frissonne comme une étoffe de soie.

SAMSTHANAKA, avec emphase.

Les arbres penchent sous le poids des feuilles, et les singes, qui jouent pareils à des lianes, ressemblent aux fruits de l'arbre à pain.

LE VITA, à part.

Le poids des imbéciles fera chavirer le monde. (Au prince.) Si nous nous asseyions sur ce rocher ?...

SAMSTHANAKA

Oui, bien que ce rocher ne soit pas un siège de prince. (Ils s'assoient.) Maître, je suis malheureux quand je pense à cette Vasantasenâ.

LE VITA

N'y pensez plus.

SAMSTHANAKA

Tu sais bien que j'ai bonne mémoire : je n'oublie pas les injures. Mais j'ai trouvé un moyen de me guérir.

LE VITA

Lequel ?

SAMSTHANAKA

Devine, maître, toi qui connais les écritures.

LE VITA

Quel rapport voyez-vous entre cela et les Védas ?

SAMSTHANAKA

Maître, tu n'es pas fort, et les livres sont inutiles. Sais-tu pourquoi nous sommes venus dans ce jardin Poushpaharandaka, où je ne viens jamais ?

LE VITA

Pour nous promener, j'imagine.

SAMSTHANAKA

Maître, j'ai toujours pensé que tu étais plus bête que moi.

LE VITA, en saluant.

Prince !..

SAMSTHANAKA

Eh bien, mon cher, nous attendons la Vasantasenà.

LE VITA

Doit-elle venir ici pour vous voir ?

SAMSTHANAKA

Je ne sais pas si elle viendra pour me voir, mais je sais bien que je l'attends et qu'elle viendra.

LE VITA

Ce qui veut dire ?

SAMSTHANAKA

Ce qui veut naturellement dire que j'ai acheté la complaisance de son cocher.

LE VITA

Et pensez-vous qu'elle vous fasse meilleur accueil que la première fois?

SAMSTHANAKA

Maître, je suis chez moi dans ce jardin ; c'est moi qui la recevrai ; tu comprends bien : c'est moi qui la recevrai.

LE VITA, avec un soupir.

Je comprends bien.

SAMSTHANAKA, se levant.

Maître, maître, voici la litière.

LE VITA

Comment le savez-vous ?

SAMSTHANAKA

Je ne la vois pas par les yeux, mais je la vois par les oreilles. J'entends les roues qui grognent sur les essieux comme un vieux cochon.

LE VITA, à part.

Si je pouvais avertir Vasantasená... (Il écoute. — Au prince.) Vous avez raison. J'irai reconnaître si c'est bien la courtisane.

SAMSTHANAKA

Maître, reste ici ; ne sois pas trop zélé.

LE VITA

On n'entend plus rien. Voici quelqu'un qui s'avance dans l'allée.

11.

SAMSTHANAKA

Tout va bien. Cocher, viens par ici.

SCÈNE IV

LES MÊMES, LE COCHER

SAMSTHANAKA

Enfin, te voilà, mon petit cocher.

LE COCHER

Oui, seigneur.

SAMSTHANAKA

La litière est-elle arrivée ?

LE COCHER

Oui, seigneur.

SAMSTHANAKA

Et les bœufs également ?

LE COCHER

Oui, seigneur.

SAMSTHANAKA

Et ta maîtresse également ?

LE COCHER

Oui, seigneur.

SAMSTHANAKA

Et toi aussi ?

LE COCHER

Oui, seigneur.

SAMSTHANAKA

Alors prends ceci. (Il lui donne une pièce d'or.) Est-ce que ta maîtresse n'a aucun soupçon ?

LE COCHER

Aucun, seigneur. Elle attend dans sa litière le seigneur Tchâroudatta avec qui elle a rendez-vous.

SAMSTHANAKA

Quel contretemps ! — Est-ce que je ne trouverai pas un homme de bonne volonté pour me débarrasser de ce Tchâroudatta? Mais j'y songe... (Au Vita) — Maître, va dire qu'on ferme toutes les portes du jardin.

LE VITA

J'obéis, prince. (Il va vers la litière.)

SAMSTHANAKA

Non, passe par l'allée des étangs, c'est plus court.

LE VITA, en s'éloignant.

Il n'est pas facile de changer le poison en remède.

Il sort.

SCÈNE V

SAMSTHANAKA, LE COCHER

SAMSTHANAKA, au cocher.

Va te promener, toi aussi. Tu viendras si je t'appelle.

LE COCHER

Oui, seigneur.

SCÈNE VI

SAMSTHANAKA

SAMSTHANAKA

Elle sera bien surprise de me trouver ici. Elle ne s'attend pas à cette bonne fortune. Pourvu qu'elle ne joue pas la pudeur et l'indignation... car alors je ferais voir à cette courtisane cruelle que, malgré ses griffes et ses dents, je ne me laisse pas effrayer... La voici. (Il se cache derrière un arbre.)

SCÈNE VII

VASANTASENA, SAMSTHANAKA

VASANTASENA

Où donc est passé mon cocher ? Il ne peut

être loin. C'est sans doute par discrétion qu'il est parti.

(Un silence. — La lune se lève.)

Dans ces jardins
J'attends mon bien-aimé,
Et je demande aux étoiles
Qui regardent partout :
Avez-vous vu mon bien-aimé ?

SAMSTHANAKA

Je ne me montrerai pas encore.

VASANTASENA

Le parc aux haleines de plantes
Respire avec ma poitrine,
Les choses ont l'air d'attendre,
Le silence écoute ;
Celui que j'aime est en route :
Il va venir avec la nuit.

SAMSTHANAKA

Comment l'aborderai-je ? Faut-il me montrer à elle pareil à un dieu furieux, ou bien me jeter à ses pieds ?

VASANTASENA

Comme une fleur de nénuphar
Mon cœur froid s'ouvre à l'amour.

Comme des perles enchâssées
Mes seins ont reflété le baiser de la lune.
Et seule ici,
Je souffre aussi
De ma beauté qui ne s'allume
Pour personne.
Ah, qu'il vienne !

SAMSTHANAKA

Petite mère, écoute-moi.

VASANTASENA, effrayée.

Ah ! Qui êtes-vous ?

SAMSTHANAKA

Je joins mes mains à tes pieds, ô toi qui as les dents blanches. Ne me reconnais-tu pas ? (Il se jette à ses pieds.)

VASANTASENA

Vous m'offensez, allez-vous en. (Elle le repousse du pied.)

SAMSTHANAKA

Oses-tu bien me repousser du pied, comme une charogne ? Tu profanes cette tête si chère que ma mère et ma grand-mère ont caressée et lavée tant de fois, cette tête princière qui ne s'incline pas devant les dieux. — Sais-tu à quoi tu t'exposes ?

VASANTASENA, appelant.

Sthâvaraka !...

SAMSTHANAKA

Ne crie pas, nous sommes seuls.

SCÈNE VII

LES MÊMES, LE VITA

VASANTASENA, au Vita.

Seigneur...

SAMSTHANAKA

Eh... vous n'aviez rien à craindre. (Il se relève.)

VASANTASENA, se plaçant sous la protection du Vita.

Seigneur, je vous implore.

SAMSTHANAKA, *furieux*.

Qui donc?... (Il reconnaît le Vita.) Ah! ce n'est rien, c'est le cher maître. (Au Vita.) Maître, tu viens à propos. Je te fais juge de l'offense que m'a faite cette courtisane.

VASANTASENA

Tchâroudatta, mon ami, ne viendrez-vous pas me secourir? Oh! comme il fait noir! (Elle pleure.)

SAMSTHANAKA

Que dit-elle? — Elle m'insulte encore... Je veux pour me venger la traîner par les cheveux.

LE VITA

Prince, c'est un mauvais moyen.

SAMSTHANAKA

Tais-toi. Ne sais-tu pas que cette femme m'a frappé? Je la tuerais, si j'osais. — Maître, maître, si tu veux que je te donne un manteau à large traîne, orné de perles et de tresses, si tu veux manger tous les jours de la viande et broyer sous tes mâchoires... chouhou, chouhou, chouhou! les aliments les plus exquis...

LE VITA

Eh bien ?

SAMSTHANAKA

Il faut me faire un plaisir.

LE VITA

A moins qu'il ne s'agisse d'une chose impossible...

SAMSTHANAKA

C'est fort possible.

LE VITA

Dites-moi donc ce qu'il faut faire.

SAMSTHANAKA

Tue Vasantasena... et je te donnerai tout ce que tu voudras.

VASANTASENA, se lamentant.

Ami, ami... Oh, qu'il fait noir ! — J'ai peur.

Elle s'assied par terre et pleure.

LE VITA, au prince.

Que dites-vous ? — Non, jamais, non... Après un crime aussi épouvantable, comment trouverais-je une barque pour traverser le fleuve des existences ?

SAMSTHANAKA

Je te donnerai toutes les barques que tu voudras. Et puis, qui te verra dans ce jardin fermé ?

LE VITA

Qui ? — Mais tous les points de l'horizon, les plantes et les arbres, les étoiles curieuses et la lune attentive, le vent, l'air que nous respirons, et la terre, et moi même. — Prince, pouvez-vous croire que je ne me verrai pas ?

SAMSTHANAKA

Cache la courtisane sous ton manteau et tu la tueras.

LE VITA

Prince, ne craignez-vous pas le malheur ?

SAMSTHANAKA

C'est-à-dire que... (A part.) Ce chacal qui n'a plus de dents craint de manquer de viande dans l'autre vie. (Haut.) Soit j'appellerai le cocher. Ho ! Sthâvaraka, viens ici !

SCÈNE VIII

LES MÊMES, LE COCHER

SAMSTHANAKA

Sthâvaraka, mon enfant, je veux te donner des bracelets d'or.

LE COCHER

Des bracelets que je pourrai mettre ?

SAMSTHANAKA

Tu auras un siège d'or.

LE COCHER

Un siège sur lequel je pourrai m'asseoir ?

SAMSTHANAKA

Je partagerai avec toi les meilleurs morceaux de ma table.

LE COCHER

Et je pourrai les manger ?

SAMSTHANAKA

Tu seras le chef de mes esclaves.

LE COCHER

Et vos esclaves m'obéiront ?

SAMSTHANAKA

Oui, mais voici ce que tu feras.

LE COCHER

Tout ce que vous voudrez, excepté l'impossible.

SAMSTHANAKA

Rien de plus simple : cela ne te prendra qu'un instant, et par la suite tu seras heureux tout le temps.

LE COCHER

Que ferai-je donc ?

SAMSTHANAKA

Tu tueras Vasantasena avec ce petit poignard.

LE COCHER

Je ne peux pas, je ne peux pas.

SAMSTHANAKA

Qu'as-tu à craindre ?

LE COCHER

L'autre monde.

SAMSTHANAKA

Qu'est-ce que cela veut dire, l'autre monde ?

LE COCHER

Cela veut dire la conséquence des actions.

SAMSTHANAKA

Et quelle est la conséquence des actions quand elles sont bonnes ?

LE COCHER

C'est d'être puissant comme vous.

SAMSTHANAKA

Et celle des mauvaises ?

LE COCHER

C'est d'être pauvre comme moi.

SAMSTHANAKA

Tu as donc été coupable ?

LE COCHER

Il faut le croire.

SAMSTHANAKA

Et moi je fus méritant ?

LE COCHER

Sans doute.

SAMSTHANAKA

Alors, coupable, tu seras châtié par la main d'un juste. (Il le bat.)

Le cocher s'enfuit en criant.

SCÈNE IX

SAMSTHANAKA, LE VITA, VASANTASENA

VASANTASENA

Maître, j'implore votre protection.

LE VITA

Oh, pourquoi suis-je lâche ?

SAMSTHANAKA

Ce vieux radoteur a peur de mal faire, et l'autre est aussi boiteux ; mais moi je n'ai rien à craindre, car je n'ai rien à espérer. (Il dénoue sa ceinture et la jette autour du cou de Vasantasenà).

LE VITA

Prince, que faites-vous ?

SAMSTHANAKA, à Vasantasenà.

Vasantasenà, petite femme aux dents blanches, toi qui cours si bien, va-t'en vite. Si tu t'en vas, tu t'étrangles... si tu restes, je t'étrangle.

LE VITA

Non, je ne verrai pas cela. (Il se jette sur le prince et le terrasse en le tenant à la gorge.)

SAMSTHANAKA

Ah, ah ! tu ris... ah ! je plaisantais... ah ! ne plaisante pas... ah ! tu me fais mal.

LE VITA, lâchant le prince.

Prince, j'ai cru que vous deveniez fou ; je vous ai défendu contre vous-même.

SAMSTHANAKA

Merci, maître. (A part.) Tu seras empalé demain. (Haut.) Oui, je ne sais quel vertige s'était emparé de moi : je devenais fou. Mais maintenant j'ai repris tout mon calme, et je sais le moyen de conquérir cette femme : je vais lui offrir de l'or.

LE VITA

C'est l'appât qu'il faut employer avec ces jolis poissons.

SAMSTHANAKA

Maître, crois-tu qu'elle me résiste ?

LE VITA

Il est vrai que ce n'est qu'une courtisane...

SAMSTHANAKA

Laisse-nous seuls.

VASANTASENA, au Vita.

Seigneur, je vous en prie, ne m'abandonnez pas.

LE VITA, à Vasantasena.

Ne craignez rien.

SAMSTHANAKA, au Vita.

Maître, va te promener : je te le répète. Tu n'as rien à faire ici. L'heure est venue où tu composeras des vers sur mes amours. Dis à la courtisane qu'elle n'a plus rien à craindre du prince, et qu'un amant généreux sollicite ses faveurs.

LE VITA

C'est bien ainsi qu'il faut s'y prendre.

SAMSTHANAKA

Je me souviendrai de tes leçons. Grâce à toi je suis innocent, maître, je ne l'oublierai pas.

LE VITA

Il est vrai que vous alliez commettre un crime.

SAMSTHANAKA

J'aurais souillé mes mains de prince, moi qui suis de si bonne naissance. Maître, pense donc !

LE VITA

Par bonheur, il n'en est rien. (A part.) C'est dans un sol fertile que les épines poussent le mieux. (Il va pour sortir.)

VASANTASENA, au Vita.

M'abandonnerez-vous quand je vous implore ?

LE VITA

Ne craignez rien, Madame, je veillerai près d'ici, mais cessez d'irriter notre prince par des paroles imprudentes. Rusez avec lui et vous n'aurez pas de peine à vous en débarrasser. Vous voyez qu'il n'est plus méchant.

(Il lui montre le prince Samsthanaka qui cueille un bouquet dans l'herbe).

VASANTASENA

Hélas ! c'est le seul parti que je puisse prendre. Je n'ai pas d'autre moyen de salut.

Le Vita s'éloigne.

SCÈNE X

SAMSTHANAKA, VASANTASENA, LE VITA

SAMSTHANAKA

Petite Vasantasenâ, je veux que tu me pardonnes.

VASANTASENA

Souffrez seulement que je m'en aille, et j'oublierai.

SAMSTHANAKA

Non, c'est un meilleur pardon qu'il me faut. Accepte d'abord ces fleurs. (Vasantasenâ accepte tristement.) Je t'offre de l'or, je t'adresse les paroles aimables qui touchent les cœurs, j'incline devant toi ma tête coiffée d'un turban, et cependant tu me repousses, et tes blanches dents ne me sourient pas. Courtisane, je suis un homme, et tu dois écouter les hommes.

VASANTASENA, avec exaltation.

Non, je ne suis plus une courtisane : je suis une bien-aimée.

SCÈNE XI

LES MÊMES, LE VITA

LE VITA, se montrant à la dérobée.

Je n'ai plus rien à faire ici : le dieu aux armes de fleurs a vaincu. Ainsi dans les nuits de printemps s'attendrit le cœur des tigres. (Il sort.)

SCÈNE XII

SAMSTHANAKA, VASANTASENA

SAMSTHANAKA

Fille aux belles hanches, tu me vois à tes

pieds et tu me jettes des pierres, et tu m'insultes avec tes souvenirs. Dis plutôt que tu méprises le misérable fils du syndic, l'indigent Tchâroudatta.

VASANTASENA

Je ne suis plus une courtisane : je suis une bien-aimée.

SAMSTHANAKA

Tais-toi, prostituée.

VASANTASENA

Insultez-moi, je vous méprise... Insultez-moi, vous me flattez... Je suis la bien-aimée de Tchâroudatta !

SAMSTHANAKA

Encore le nom de ce misérable ! Répète-le, répète-le, fille d'esclave !

VASANTASENA

J'aime Tchâroudatta jusqu'à la mort.

SAMSTHANAKA

Hé bien ! meurs donc, fille d'esclave, meurs !
(Il lui prend le cou dans ses mains, et l'étrangle lente-

ment.) C'est maintenant que je te posséderai, la belle aux dents blanches ! — Fille à grimaces, j'aurai la dernière de tes grimaces ! — Maintenant, tire la langue comme un chien !... Tu es à moi, je te tiens, je te tue. — Oh ! comme tu soupires ! Quelle volupté ! — Voici que ses yeux se révulsent dans un dernier spasme. — Fille d'amour, as-tu jamais connu des jouissances pareilles ? — Moi, je te possède comme jamais on ne t'a possédée. Tu es à moi, Vasantasena, ma chatte aux yeux blancs. Regarde-moi, regarde encore ! Tu es à moi, je te tiens, je te tue... ah ! meurs ! (Il la rejette sur le sol.) Elle est morte. — Ce n'est pas difficile de tuer. — Et c'est moi qui l'ai tuée... comme un héros, je l'ai tuée. Quand le vieux chacal et le cocher reviendront, ils seront bien surpris. Je suis certain que le vieux chacal ne me croyait pas capable de tuer quelqu'un... moi qui suis de si bonne naissance. (Il rit.) Mais je les entends qui viennent, cachons-nous. (Il se cache.)

SCÈNE XIII

LE VITA, LE COCHER

LE COCHER

Il n'y a plus personne ici.

LE VITA

Où sont-ils passés ? Va voir dans cette allée. (Le cocher fait quelques pas dans l'allée, puis revient.) Toutes mes inquiétudes renaissent. Ah! pourquoi me suis-je attaché à la fortune de ce scélérat? Quand je le tenais, j'aurais dû l'étrangler...

SCÈNE XIV

LES MÊMES, SAMSTHANAKA

SAMSTHANAKA

Maître, est-ce que tu déclames les vers que

tu as composés en mon honneur ? (Au cocher qui revient.) Et toi, mon enfant, qui cherches-tu ?

LE COCHER

Je...

SAMSTHANAKA, au Vita.

La courtisane est partie, mon cher, elle est partie.

LE VITA

Où cela ?

SAMSTHANAKA

Derrière toi.

LE VITA

Non, elle n'est certainement pas venue derrière moi.

SAMSTHANAKA

De quel côté allais-tu ?

LE VITA

Du côté de l'est.

SAMSTHANAKA

En ce cas, elle aura gagné la porte du Sud.

LE COCHER

J'étais à la porte du Sud.

SAMSTHANAKA

C'est donc qu'elle est partie vers la porte du Nord.

LE VITA

Vous ne répondez pas. Dites-moi la vérité.

LE COCHER

Oui, dites la vérité.

SAMSTHANAKA

Quel besoin avez-vous de savoir la vérité?... Enfin que cela vous plaise ou non, je le jure sur votre tête et sur mes pieds, elle est morte.

LE COCHER

Non, non.

LE VITA

Vous l'auriez tuée ?

SAMSTHANAKA

Tu ne m'en crois pas capable... je le savais.

Eh bien ! regarde et admire le premier exploit
de Samsthânaka, le beau-frère du roi.

LE VITA

Hélas ! c'est moi qui l'ai tuée.

LE COCHER

Je suis le premier coupable !

SAMSTHÂNAKA

Et moi, croyez-vous que je n'ai rien fait ?

LE VITA

Hélas ! Vasantasenâ.

> L'oiseau qui nous charmait
> S'est envolé,
> Et la source est tarie
> Où nous buvions l'amour.
> Ah ! rivière de bonté,
> Ilôt d'enjouement,
> Refuge des cœurs,
> Hélas !
> La ville est plongée dans les ténèbres,
> Le jour ne se lèvera plus,
> Hélas, Vasantasenâ !

SAMSTHÂNAKA

Maître, je n'ai pas voulu t'affliger.

LE VITA

J'ai horreur de vous ; je m'en vais n'importe où, loin de vous.

SAMSTHANAKA

Halte-là ! Tu veux te sauver après avoir tué la courtisane ; tu veux m'accuser de ce crime. Halte-là ! pourquoi pars-tu ? Est-ce qu'un homme comme moi ne serait plus digne de toi ?

LE COCHER

Hélas, Vasantasenâ !

LE VITA

Misérable !

SAMSTHANAKA

Il faut nous entendre, mes enfants. Maitre je te donnerai de l'argent : cent souvarnas et encore des étoffes précieuses ; maitre, je te donnerai un turban, à la condition que tu m'aides à écarter de ma personne les soupçons.

LE VITA

Vous êtes un misérable fou.

SAMSTHANAKA

Ah çà, maître, est-ce que tu as des scrupules maintenant ? Est-ce que tu n'aimes plus le jeu, les beaux vêtements, les femmes et les festins ? Je ne te reconnais plus.

LE VITA

Peut-être avez-vous raison de vous moquer de moi. Mais je vous méprise ; je renonce à tous les profits qui me venaient de vous ; je vous rejette loin de moi comme un arc brisé.

SAMSTHANAKA

Viens, nous allons rentrer en ville. On nous verra dans les maisons où l'on s'amuse.

LE VITA

Tout est fini entre nous et nos chemins se séparent. A partir de ce moment commence pour moi une vie nouvelle. — Se peut-il qu'une courtisane soit l'occasion de ma conversion... Ah, belle Vasantasenâ, puissiez-vous, dans une autre naissance être placée au rang que vous méritez ! (Il va partir.)

SAMSTHANAKA

Où te sauves-tu, toi que j'ai trouvé dans

ces jardins de ma famille près d'une femme
étranglée ? Tu vas venir avec moi pour t'expliquer devant les juges.

LE VITA

Ah ! c'est ainsi... (Il tire son épée.)

SAMSTHANAKA

Vrai ! si tu as peur, tu peux t'en aller,
tu peux courir ; les soupçons t'atteindront
toujours.

LE VITA

Je comprends ce que vous voulez dire ;
mais je me tiendrai hors de votre portée. Je
m'en vais rejoindre les révoltés, Çarvilaka
et le fils du Bouvier. Vous m'avez appris de
quel côté est le devoir. (Il sort.)

SCÈNE XV

SAMSTHANAKA, LE COCHER

SAMSTHANAKA

L'imbécile ! (Au cocher.) Sthâvaraka, mon enfant, qu'ai-je donc fait ?

LE COCHER

Vous avez commis un crime. Seigneur, vos mains se sont souillées.

SAMSTHANAKA

Quoi ! tu prétends, conducteur de bœufs, que, moi, je n'ai pas les mains propres... Et si je te donnais ces joyaux, est-ce que tu ne les prendrais pas de ma main ?

LE COCHER

Gardez vos joyaux. Ce sont des ornements qui vous conviennent, mais que je ne saurais porter, moi qui suis un toucheur de bœufs.

SAMSTHANAKA

Oui, oui, je ne sais pourquoi je m'inquiète d'un être comme toi, d'un être sans importance. Retourne à tes bœufs, mon ami.

LE COCHER

J'exécute vos ordres, seigneur. (Il sort.)

SCÈNE XVI

SAMSTHANAKA

SAMSTHANAKA

Tout s'arrange. Le maître se réfugie parmi les criminels, et, pour l'autre, j'aurai soin de le faire arrêter demain matin, avant que sa langue ne s'éveille. — Quand à la courtisane, elle est bien morte : je ne l'ai pas manquée. La couvrirai-je de mon manteau ? Non, car il est marqué à mon nom. Mais voici un tas de feuilles sèches où je la cacherai (Il cache le corps sous les feuilles.) Et pour le coupable, on en trouvera toujours un s'il en faut un..... Si j'allais déposer une plainte contre

Tchâroudatta... C'est cela : je l'accuserai du meurtre. Ho, ho, je pourrai ainsi, par contre-coup, me débarrasser de cet ennuyeux personnage. Ho, ho, c'est assez adroit. Allons-nous en. — Fatalité ! voici le çramana qui se promène encore avec son manteau. Que ne lui ai-je écrasé le nez ! S'il me voit, je suis perdu... La nuit est sombre. (Il sort.)

SCÈNE XVII

UN RELIGIEUX BOUDDHISTE, VASANTASENA

LE RELIGIEUX

Hommage à Bouddha, qui dans la nuit nous éclaire d'une flamme intérieure ! — Que le tambour de la méditation tienne nos sens en éveil ! — Il faut que je trouve une place où mettre ce manteau mouillé... Si je l'accrochais à cette branche ? Non, pas ici, il y a trop de singes : je l'étendrai sur cet amas de feuilles sèches. Hommage à Bouddha ! Il faut que je récite la formule sainte : « A quoi bon se raser la tête et le visage si l'esprit n'a pas renoncé aux orgueils ! » (Un silence.) Il me semble que ces feuilles ont remué ; mais ce n'est qu'une illusion. — Je ne verrai pas ; je n'écouterai pas ; mon cœur en voyage ne s'arrêtera pas. Pour m'exciter à la méditation, je me rappellerai comment le Héros a vaincu les puissances magiques quand il veillait sous le figuier : il a vaincu les illusions des sens et son cœur s'est ouvert à l'infinie pitié. — Ces feuilles véritablement s'agitent comme des oiseaux. — Holà ! est-ce une âme égarée qui soupire ? (Il écarte les feuilles.) Non, — c'est une femme, une femme à demi-morte, vers qui le Bouddha m'envoie comme un soldat de miséricorde. (A Vasantasena.) Madame, qui que vous soyez, le cœur de Bouddha vous est ouvert. Si vous croyez en lui, vous ne mourrez pas, vous ne revivrez pas : il vous établira dans la paix. — Il faudrait de l'eau... le lac est loin... mais avec ce manteau encore mouillé je baignerai ses tempes.

VASANTASENA

Seigneur, qui êtes-vous ?

LE RELIGIEUX

Je suis un serviteur de Bouddha ; mon

Maître est le serviteur des pauvres, le médecin des souffrants et l'appui des faibles. Relevez-vous, servante de Bouddha, en vous accrochant à cette liane et en vous appuyant sur mon bras. Je vous mènerai dans un couvent où sont des femmes au cœur humble et compatissant : ce sont mes sœurs en religion. Vous resterez parmi elles tant qu'il vous plaira ; et, quand vous le voudrez, vous retournerez chez vous : car nous ne connaissons pas la contrainte.

VASANTASENA

Merci. Je suis bien faible ; soutenez-moi.

LE RELIGIEUX

Marchez tout doucement, tout doucement. Attachez-vous fortement à la vie future, et vous ne tomberez pas. Tout doucement, tout doucement... (Ils s'éloignent.)

FIN DU QUATRIÈME ACTE

CINQUIEME ACTE

La place des supplices : en bordure, des maisons à terrasses ; au fond, un cimetière en saillie sur le ciel

SCÈNE I

UN ARTISAN, UN MARCHAND, UN BRAHMANE

L'ARTISAN

Savez-vous ce qui s'est passé au tribunal ?

LE BRAHMANE

Je le sais aussi bien que vous : le brâhmane Tcharoudatta a été condamné à mort.

L'ARTISAN

Quoi ! ce vertueux brâhmane qui s'est ruiné par ses libéralités et auquel nous devons l'embellissement de notre ville..?

LE BRAHMANE

Il paraît que ce vertueux brâhmane a étranglé une courtisane dans les jardins du roi. C'est le prince Samsthânaka lui-même qui l'accusait et qui a soutenu l'accusation devant le tribunal.

L'ARTISAN

Et c'est justement pour cela que la condamnation me semble suspecte.

LE MARCHAND

Osez-vous bien dire cela ?

LE BRAHMANE

La preuve que Tchâroudatta est bien le meurtrier, c'est qu'on a trouvé chez lui les bijoux de la courtisane Vasantasenâ.

L'ARTISAN

Oh, ce n'est pas une preuve ! Cette courtisane était son amie.

LE MARCHAND

Le malheur est qu'on ne sait pas ce qu'on doit croire.

L'ARTISAN

Moi, je sais par un des juges — et cela vous l'ignorez sans doute — que le seigneur Tchâroudatta accusait de son côté le prince beau-frère du roi d'avoir tué la courtisane Vasantasena.

LE MARCHAND

Voilà qui est étrange.

LE BRAHMANE

Toujours est-il qu'on a condamné Tcharoudatta. Alors je suis venu sur la place des supplices, car des exécutions comme celle-là on n'en voit pas tous les jours.

L'ARTISAN

Si l'accusation portée contre le prince avait pu se soutenir, pensez-vous qu'il eût été condamné ?

LE MARCHAND

Quelle question !

LE BRAHMANE

Où avez-vous vu qu'on condamne les princes ?

L'ARTISAN

Cela s'est vu autrefois.

LE MARCHAND

Non, ce n'est pas dans les usages.

LE BRAHMANE

Il ne s'agissait que d'une courtisane.

L'ARTISAN

Je voudrais bien savoir ce qui empêche la justice d'être juste.

SCÈNE II

LES MÊMES, ÇARVILAKA

ÇARVILAKA, qui s'est approché du groupe.

On ne condamne pas les princes, parce qu'il n'y a pas de juge plus puissant que le roi.

LE BRAHMANE

Il y a les dieux ; seigneur, vous oubliez les dieux.

ÇARVILAKA

Respectable brâhmane, les dieux sont trop loin : ils ne se dérangent pas pour nous.

LE BRAHMANE

Quel blasphème !

LE MARCHAND

Oh, oh !

ÇARVILAKA, au marchand.

Honorable marchand, je n'ai mis dans mes paroles aucune intention blessante. Quand je dis que les dieux sont trop au-dessus de nous, ce n'est pas pour les rabaisser. (Le marchand rit.)

LE BRAHMANE

C'est avec de tels sarcasmes qu'on peut attaquer tout ce qu'il y a de sacré dans le monde.

L'ARTISAN

Loin de moi cette pensée. Je constatais seulement qu'une espèce de fou — car nous connaissons pour tel le prince Samsthânaka, — s'est posé en accusateur devant un tribunal de justice, et que son témoignage a prévalu contre les protestations d'un homme de cœur. Je trouve qu'il y a dans ce fait quelque chose de révoltant.

ÇARVILAKA

C'est mon opinion. Et vous pouvez ajout

que l'injustice qui frappe le seigneur Tchâroudatta nous atteint en même temps.

LE MARCHAND

Je suis un honnête marchand.

ÇARVILAKA

Celui qui souffre l'injustice ne peut pas se dire honnête.

LE MARCHAND

Nous y sommes bien forcés.

ÇARVILAKA

Votre faible honnêteté est plus méprisable que la conduite licencieuse de certains hommes.

L'ARTISAN

C'est pour moi qu'il dit cela.

LE BRAHMANE

Vous avez prononcé des paroles imprudentes.

ÇARVILAKA

Que m'importe !

L'ARTISAN, en confidence à Çarvilaka.

Tout au moins pourriez-vous être plus réservé, car vous n'ignorez pas que le roi entend tout par l'oreille de ses espions.

ÇARVILAKA

Eh bien ! je ne m'en cache pas ; je vous le déclare et je le crie pour qu'on l'entende : une honnêteté qui repose sur la faiblesse et la lâcheté, est ce qu'il y a de plus méprisable au monde !

Des curieux se sont groupés autour de Çarvilaka.

LE BRAHMANE

Je n'écouterai pas plus longtemps les paroles d'un fou. (Il s'écarte du groupe, puis revient.)

ÇARVILAKA

Est-ce que vos épouses sont à vous, honnêtes marchands ? Est-ce que vos filles, est-ce que vos esclaves sont à vous ? Est-ce que vos biens, est-ce que vous même vous vous appartenez ? — Que demain il plaise au prince Samsthânaka de prendre chez vous ce qui lui conviendra, et vous n'aurez rien à dire. Qu'il lui plaise de vous faire arrêter, et vous marcherez au supplice comme Tcharoudatta, mais avec moins de fermeté.

LE MARCHAND

Il y a malheureusement beaucoup de vérités dans vos folies.

LE BRAHMANE

Mes amis, ne l'écoutez pas ; fermez vos cœurs aux paroles de cet homme : c'est un disciple de ces moûnis de la nouvelle école qui rêvent l'anéantissement du monde. — La vérité nous a été révélée par les Védas et par Manou ; ne la cherchons point en dehors du livre des lois.

LE MARCHAND

Oui, gardons l'enseignement de nos pères.

L'ARTISAN

Je sais qu'il est écrit : « La folie des hommes est changeante. »

LE BRAHMANE

Nul ne possédera sans avoir mérité.

LE MARCHAND

Il n'y a rien à faire.

CARVILAKA

Vous raisonnez tous comme des lâches.

        Murmures.

L'ARTISAN

Seigneur, vous qui parlez si bien, que voulez-vous que nous fassions ?

LE BRAHMANE

Il ne pourra pas vous répondre.

L'ARTISAN

Il n'osera pas.

CARVILAKA

Je parlerai, mais vous n'agirez pas, car ma parole ne viendra pas de votre cœur.

DES VOIX

Parlez, parlez.

CARVILAKA

Eh bien, je dis que si vous étiez des hommes vous ne vous contenteriez pas d'une morale d'esclaves ; si vous étiez des hommes et non des enfants, vous marcheriez seuls et droits devant votre conscience. — Mais si je dis :

N'acceptez d'autre tribunal de justice que celui de votre conscience — vous ne me comprendrez pas, car votre conscience est muette ou bien la justice n'y réside pas. Cependant je vous dis, et vous me comprendrez, car vous êtes des mécontents qui espérez en l'amélioration des choses du monde : Les soldats du roi ont été battus par les partisans d'Aryaka le fils du bouvier.

DES VOIX

Que dit-il ?

CARVILAKA

La puissance royale est combattue par un homme ignoré. Si chacun de vous trouvait en soi-même assez d'énergie pour s'élever contre les injustices, vous empêcheriez aujourd'hui l'exécution du seigneur Tcharoudatta, la tête de cet homme estimé ne tomberait pas... par votre faute.

DES VOIX

Folie, folie!

LE BRAHMANE

Taisez-vous.

DES VOIX

Parlez, parlez.

ÇARVILAKA

... Et vous seriez bientôt secourus, car le fils du bouvier s'avance vers la ville comme un conquérant libérateur.

LE MARCHAND

Malheureux, vous nous perdrez.
On entend le roulement des tambours funèbres.

DES VOIX

Voici le cortège.

D'AUTRES VOIX

Allons voir le cortège.

L'ARTISAN

N'est-ce pas le condamné qui marche en tête ?

LE BRAHMANE

Il vient escorté de soldats, et les exécuteurs l'accompagnent.

LE MARCHAND

Il y a derrière eux une foule de mendiants, des yoghis et des femmes.

L'ARTISAN

Il est très grand ; il porte une guirlande de jasmins.

LE MARCHAND

Il marche doucement vers sa fin, comme une lampe qui va manquer d'huile.

ÇARVILAKA

Allons, les amateurs de cortèges, vous qui faites la haie sur le passage des princes, et quand on conduit un homme à la prison ou à la mort, sortez tous !

Entre le cortège.

SCÈNE III

LES MÊMES, TCHAROUDATTA, DEUX TCHANDALAS, LE CORTÈGE

LES TCHANDALAS

Place! place! (A Tcharoudatta.) Seigneur Tchâroudatta, nous attendrons ici jusqu'à midi sous le soleil, ainsi que le porte la sentence que déjà nous vous avons lue.

TCHAROUDATTA

Que chacun fasse son devoir.

LES TCHANDALAS

Place, place !

TCHAROUDATTA

C'est une joie pour eux comme de voir, quand on attaque un arbre à coups de hache, de quel côté il tombera.

LE PREMIER TCHANDALA

Nous attendrons sous le soleil jusqu'à midi.

LE DEUXIÈME TCHANDALA

Seigneur, ayez du courage.

TCHAROUDATTA

Que chacun fasse son devoir.

LES TCHANDALAS

Place, place !

TCHAROUDATTA

Tout le peuple m'a reconnu. Salut, frères !
— Mes amis d'autrefois ont caché leur visage
sous leur manteau.

L'ARTISAN

Ce sont des exécuteurs adroits... les premiers des exécuteurs.

LE MARCHAND

Ils connaissent leur métier.

TCHAROUDATTA

Je suis comme l'animal qu'on mène au sacrifice, après l'avoir paré de fleurs.

DES VOIX DE FEMMES

Hélas, hélas !

TCHAROUDATTA

J'ai vu mon malheur dans les yeux des femmes.

ÇARVILAKA, dans la foule.

Que voulez-vous voir ici ? Il y a quatre choses qu'on ne doit pas regarder : c'est Indra quand il tend son arc dans les nuées, une vache quand elle vêle, une planète en éclipse et un homme vertueux quand il va mourir de mort ignominieuse.

Il sort.

SCÈNE V

LES MÊMES, moins ÇARVILAKA

LE PREMIER TCHANDALA

Regarde, Ahînta, regarde. Ne dirait-on pas que le ciel s'est couvert?

LE DEUXIÈME TCHANDALA

Cet homme était le premier de la ville. On dirait que le ciel va pleurer.

LE PREMIER TCHANDALA

Non, le ciel ne pleure pas et la foudre n'a pas tonné dans un ciel sans nuages : le nuage c'est là-bas cette foule de femmes, et la pluie est faite des larmes qui tombent.

DES VOIX

Hélas, hélas!

TCHÂROUDATTA

J'ai vu mon deuil dans les yeux qui pleurent.

LE PREMIER TCHANDALA

Seigneur Tchâroudatta, nous sommes sur la place où se font les publications. (Aux tambours.) Annoncez la sentence.

Les tambours battent.

LE PREMIER TCHANDALA

Écoutez tous !

LE DEUXIÈME TCHANDALA

Écoutez !

LE PREMIER TCHANDALA, *lisant.*

Cet homme est le seigneur Tchâroudatta, petit-fils du syndic Vinayadatta, fils de Sâgaradatta. Il a commis un crime abominable en étouffant dans ses bras, pour lui voler sa parure, la courtisane Vasantasenâ qui était entrée dans les vieux jardins du roi. Il a été trouvé possesseur des objets volés et convaincu sur ses propres dires. En conséquence nous avons reçu du roi Pâlaka l'ordre de le supplicier. Quiconque se rendra coupable d'un crime pareil, réprouvé dans ce monde

et dans l'autre, sera puni de la même façon.
— Ainsi l'a voulu le roi Pâlaka.

TCHAROUDATTA

Le nom de ma famille purifié par d'innombrables offrandes était célébré autrefois dans les temples avec des prières tirées des Védas et répétées maintes fois autour du feu sacré ; aujourd'hui, c'est pour un plus grand sacrifice qu'on le proclame, mais le peuple ne répond pas aux sacrificateurs. Ah ! Vasantasenâ, faut-il qu'après avoir goûté l'amritâ de ta bouche je sois contraint de boire le fiel de la mort !

DES VOIX

Hélas, hélas !

TCHAROUDATTA

Je souffre dans le cœur de tous.

LES TCHANDALAS

Place, place !

TCHAROUDATTA

J'aperçois mes amis qui s'éloignent ; mais des hommes inconnus ressentent ma douleur, et d'autres, impuissants à me secourir, me souhaitent une autre vie.

SCÈNE VI

LES MÊMES, ROHASENA

ROHASENA, dans la foule.

Père, ami père !

TCHAROUDATTA

Sa petite voix m'a fait mal. (Au premier tchandâla.) Je te prie, toi qui es estimé parmi ceux de ta caste, de m'accorder une grâce.

LE PREMIER TCHANDALA

Accepterez-vous rien de la pitié d'un paria?

TCHAROUDATTA

Quelle honte ! La pitié s'est réfugiée dans le cœur des bourreaux ! (Au tchandâla.) Je voudrais voir le visage de mon fils... pour l'autre monde.

LE PREMIER TCHANDALA

Votre volonté sera satisfaite.

ROHASENA, dans la foule.

Ah ! mon père, mon père !

TCHAROUDATTA, insistant.

Je te prie, toi qui es estimé parmi ceux de ta caste, de m'accorder cette grâce.

LE PREMIER TCHANDALA

Qu'il vienne !

LE DEUXIÈME TCHANDALA

Place, place ! Laissez venir l'enfant... Viens, enfant ! viens !

SCÈNE VII

LES MÊMES, MAITREYA

MAITREYA, s'avançant dans la foule avec Rohasena.

Vite, vite, mon cher petit.

ROHASENA

Père, père !

MAITREYA

Vite, vite, ils vont l'emmener ; nous ne le reverrons plus.

Les soldats de l'escorte tiennent Maitreya et Rohasena à quelque distance de Tcharoudatta.

TCHAROUDATTA, *tendant les bras vers eux.*

Mon fils !.. Maitreya ! Je m'en vais dans l'autre monde, sans rien pouvoir vous laisser. — Que donnerai-je à mon fils ?

ROHASENA

Père, père !

TCHAROUDATTA

Il me reste encore quelque chose... La parure des brahmanes n'est pas faite avec des perles ni avec de l'or. (A Rohasena.) Je te laisse mon souvenir.

LE DEUXIÈME TCHANDALA

Il faut vous tenir en repos, Tcharoudatta.

LE PREMIER TCHANDALA, *au deuxième:*

Quoi ! tu oses parler au seigneur Tcharoudatta sans faire précéder son nom d'un mot respectueux ? Ah ! n'oublie pas que pareil à une pouliche indomptée le destin poursuit sa route en dépit de tous les obstacles et de tous les accidents.

ROHASENA, aux tchândâlas.

Méchants, où conduisez-vous mon père ?

TCHAROUDATTA

Mon fils, je vais à la mort, paré d'une guirlande de jasmins.

ROHASENA, à son père.

Père, viens-nous-en. (Aux tchândâlas.) — Méchants pourquoi voulez-vous faire mourir mon père ?

LE PREMIER TCHANDALA

C'est l'ordre du roi : la faute en retombe sur lui. Nous sommes de la caste des bourreaux, mais nous ne sommes pas des méchants.

MAITREYA

Holà ! braves gens, s'il faut que vous portiez une tête au roi, ne pourriez-vous prendre la mienne... à moi qui suis vieux ?

TCHAROUDATTA

Ah ! Maitreya, je croyais qu'on n'avait plus d'amis devant la mort des suppliciés. Mais j'ai senti ma peine avec toi et j'ai connu ma détresse dans la pitié des cœurs.

LE DEUXIÈME TCHANDALA

Place, place ! Que voulez-vous voir ?

LE PREMIER TCHANDALA

L'homme de bien qui va mourir ici est comme une cruche d'or qui tombe dans un puits après qu'on a coupé la corde.

DES VOIX

Hélas ! hélas !

SCÈNE VIII

LES MÊMES, STHAVARAKA

STHAVARAKA, dans la foule.

Écoutez, écoutez ! C'est moi qui ai conduit

la courtisane Vasantasenâ dans les jardins du roi... Le seigneur Tchâroudatta est innocent !... C'est le prince, beau-frère du roi, qui a étranglé Vasantasenâ dans les jardins déserts, parce que la courtisane repoussait son amour.

TCHÂROUDATTA

Oh ! quel est cet homme qui vient vers moi, pareil à un nuage versant la pluie à flots sur les moissons brûlées ?

STHÂVARAKA, écartant la foule.

Laissez-moi passer, je veux proclamer la vérité ! La tête de cet homme de bien ne tombera pas.

TCHÂROUDATTA, à Sthâvaraka.

Ami, ce n'est pas la mort qui m'effraie. Maintenant que tu as allégé mon âme du lourd poids de honte qui l'oppressait, la mort sera pour moi comme la naissance d'un fils.

LES TCHANDALAS, à Sthâvaraka.

Dis-tu la vérité ?

STHÂVARAKA

J'ai dit la vérité : c'est le prince Samsthânaka qui a étranglé la courtisane.

L'ARTISAN

A mort, Samsthânaka !

DES VOIX, timidement.

A mort !

STHAVARAKA

Voici le prince qui accourt. J'exposerai maintenant ma vie misérable pour sauver le noble Tchâroudatta.

LE PREMIER TCHANDALA

Écartez-vous, laissez le chemin libre : l'homme qui s'avance est pareil à un taureau furieux auquel l'arrogance tient lieu de cornes.

SCÈNE IX

LES MÊMES, SAMSTHANAKA

SAMSTHANAKA

Oh ! que se passe-t-il ? Est-ce mon nom qu'on acclame ? (A Sthâvaraka.) Sthâvaraka, mon enfant, mon petit esclave, il faut venir avec moi.

STHAVARAKA

Prince, ne vous suffisait-il pas d'avoir tué la courtisane?..

SAMSTHANAKA

Tu es fou, mon petit. Moi qui suis pareil à une cruche de bijoux j'aurais tué cette femme?

STHAVARAKA

Ce n'est pas Tchâroudatta ; c'est vous qui l'avez tuée.

SAMSTHANAKA

Qui ose dire cela ?

TOUS, montrant Sthâvaraka.

C'est lui, c'est Sthâvaraka le cocher.

SAMSTHANAKA

Oh, oh ! (A part.) Oui, voilà ce qu'il faut faire. (Haut.) C'est une infamie ridicule, seigneurs ! J'ai surpris cet esclave voleur et je l'ai fait battre de verges : de là vient son ressentiment. (A Sthâvaraka.) Tiens, Sthâvaraka, mon enfant, prends ceci ; *(Il lui donne un bijou.)* et démens ce que tu as dit.

STAVARAKA, *montrant le bijou.*

Ah ! notre prince m'offre de l'or.

SAMSTHANAKA, *lui arrachant le bijou.*

C'est précisément pour le vol de ce bijou que je l'ai châtié. Si vous en doutez, regardez son dos : les coups parleront pour moi. *(Il déchire la tunique de Sthavaraka.)*

LE DEUXIÈME TCHANDALA

Il n'y a pas à en douter, cet esclave a été battu très rudement.

TCHAROUDATTA

Hélas ! Râhou dans sa colère a dévoré la lune.

SAMSTHANAKA

Qui protestera maintenant ?

STAVARAKA

Ils se taisent tous. — Seigneur Tchâroudatta, j'ai fait ce que j'ai pu, mais la vérité qui sort de la bouche d'un esclave ne saurait persuader personne.

TCHAROUDATTA

Tu es venu vers moi comme un parent, esclave aux sentiments nobles, mais le destin n'a pas accepté ton sacrifice.

LE PREMIER TCHANDALA, au prince.

Seigneur, puisque cet esclave a été châtié renvoyez-le.

SANSTHANAKA

Qu'il s'en aille ! (Aux soldats.) Qu'on l'emmène ! (Les soldats entraînent Sthâvaraka.) Vous, tchandâlas, pourquoi tarder à exécuter les ordres du roi ?

SCÈNE X

LES MÊMES, MOINS STHAVARAKA

LE PREMIER TCHANDALA

Prince, il n'est pas l'heure encore.

TCHAROUDATTA, aux tchandâlas.

Ne me faites pas attendre... Cette heure me semble éternelle.

LES TCHANDALAS.

Nous attendrons jusqu'à midi.

ROHASENA, au prince.

Méchants, faites-moi mourir et laissez partir mon père.

SAMSTHANAKA

Oui, le père et le fils... qu'ils meurent tous les deux.

TCHAROUDATTA, à Maitreya.

Maitreya, emmène-le ! (A Rohasena.) Va t'en, mon enfant.

MAITREYA

Noble ami, j'ai toujours partagé votre fortune. Maintenant je ne vous abandonnerai pas. Après avoir remis votre fils en des mains dévouées, je reviendrai vers vous : vous ne m'attendrez pas longtemps.

TCHAROUDATTA

Maitreya, tu es libre de vivre.

MAITREYA

Mais je suis aussi libre de mourir. (Il emmène Rohasena qui résiste.)

ROHASENA

Non, je ne veux pas... Père, viens nous-en.
       Ils sortent.

SCÈNE XI

LES MÊMES, MOINS ROHASENA ET MAITREYA

TCHAROUDATTA

Oh ! tous ces retards, tous ces déchirements !

SAMSTHANAKA, aux tchândâlas.

N'ai-je pas dit qu'il fallait mettre à mort le père et le fils en même temps.

LE PREMIER TCHÂNDALA

La sentence ne le dit pas.
       Murmures.

SAMSTHANAKA, avec colère.

Battez le tambour. (Les tambours battent.) Et qu'on lise la sentence pour la dernière fois.

LE PREMIER TCHANDALA, lisant, après que les roulements de tambour ont cessé.

« Cet homme est le seigneur Tchâroudatta, petit-fils du syndic Vinayadatta, fils de Sâgaradatta. Il a commis un crime abominable en étouffant dans ses bras, pour lui voler sa parure, la courtisane Vasantasenâ qui était entrée dans les vieux jardins du roi. Il a été trouvé possesseur des objets volés et convaincu sur ses propres dires. En conséquence nous avons reçu du roi Pâlaka l'ordre de le supplicier. Quiconque se rendra coupable d'un crime pareil, réprouvé dans ce monde et dans l'autre, sera puni de même façon. Ainsi l'a voulu le roi Pâlaka.

SAMSTHANAKA, à part.

C'est étonnant, les habitants ne sont pas convaincus. (A Tchâroudatta.) Tchâroudatta, le beau parleur, les citadins sont incrédules ; dis-leur donc toi-même : C'est moi qui ai tué Vasantasenâ. (Aux tchândâlas, après un silence.) Tchândâlas, cet homme est muet, il faut lui délier la langue.

LES TCHANDALAS, à Tchâroudatta.

Parlez, nous ne voudrions pas vous frapper.

TCHAROUDATTA, à la foule.

Dans l'océan de misères où je suis tombé, mon âme n'éprouve ni frayeur ni désespoir, mais pour écarter de moi les soupçons je vais vous dire une chose incroyable. (Avec ironie.) Oh! mes amis, je suis un homme cruel et profondément vicieux, et c'est par mes mains qu'une femme incomparable... (Se tournant vers Samsthânaka.) — Cet homme vous dira le reste.

SAMSTHÂNAKA, avec empressement.

... Et c'est par mes mains qu'une femme incomparable a été étranglée. (A Tcharoudatta.) Dis-le donc toi-même.

TCHAROUDATTA

Vous l'avez dit, cela suffit.

LE PREMIER TCHANDALA, au deuxième.

C'est à ton tour d'exécuter le condamné.

LE DEUXIÈME TCHANDALA

Non pas, c'est moi qui me suis chargé du dernier.

LE PREMIER TCHANDALA

Eh bien, si l'exécution me regarde, il vivra encore un peu.

LE DEUXIÈME TCHANDALA

Pourquoi ?

LE PREMIER TCHANDALA

Autrefois, mon père m'a recommandé ceci : — Gohà, quand tu auras à exécuter un condamné, retarde autant que tu pourras son heure dernière.

LE DEUXIÈME TCHANDALA

Mais pourquoi ?

LE PREMIER TCHANDALA

Un homme riche peut racheter le condamné ; il peut se faire qu'il naisse un héritier royal ; il peut arriver qu'un éléphant brise ses entraves et que dans la confusion le condamné s'échappe ; il peut y avoir un changement de roi avec une amnistie plénière.

SAMSTHANAKA

Qui parle de changement de roi ? Allons, qu'on dépêche l'exécution.

LE PREMIER TCHANDALA, à Tcharoudatta.

Seigneur, je ne puis pas faire autrement. La faute n'en est pas à moi.

TCHAROUDATTA

Que chacun fasse son devoir. Où faut-il marcher maintenant?

LE PREMIER TCHANDALA

Voici l'endroit : c'est le cimetière du Sud. Les condamnés qui ont franchi cette porte sont au bout de leur chemin.

TCHAROUDATTA

Là, j'aperçois un supplicié dont le corps est à moitié mangé par les grands oiseaux, tandis que l'autre moitié reste fixée au pal... Sa tête semble rire... (Il sourit.) Marchons! (Il s'éloigne avec les tchandâlas.)

DES VOIX

Hélas! Hélas!

SCÈNE XII

LES MÊMES, MOINS TCHAROUDATTA ET LES TCHANDALAS

SAMSTHANAKA, bravant la foule.

Eh bien quelqu'un de vous m'accusera-t-il? Qui osera m'accuser, moi, le beau-frère du roi? — Mais la foule s'écarte ; — quelqu'un s'avance ; — allons que celui qui sait quelque chose vienne me le dire en face. (Apercevant Vasantasenâ voilée qui s'avance rapidement, guidée par le religieux bouddhiste.) Quelle est cette femme qui vient vers moi ?.. j'ai peur de mes yeux.

SCÈNE XIII

LES MÊMES, VASANTASENA, LE RELIGIEUX

VASANTASENA

Arrêtez le bras du bourreau.

SAMSTHANAKA

Oui, arrêtez! arrêtez! (Un groupe de peuple se précipite vers le cimetière. — A Vasantasenâ.) Qui donc es-tu pour commander?

VASANTASENA, ôtant son voile.

Dites-le vous-même.

SAMSTHANAKA, avec terreur.

Vasantasenâ!

DES VOIX

O prodige! c'est elle! c'est Vasantasenâ.

SAMSTHANAKA

Je me sens mourir... Soldats, soutenez-moi

L'ARTISAN

Il s'abandonne lui-même aux mains des soldats.

SAMSTHANAKA, se redressant.

Je ne suis pas un meurtrier ; je suis le prince Samsthânaka ; je suis le beau-frère du roi. — Laissez-moi fuir, laissez... (Il se précipite vers le cimetière et se heurte à Tchâroudatta acclamé par la foule.)

LE RELIGIEUX BOUDDHISTE

Vive Tchâroudatta !

LE PREMIER TCHANDALA

Puisse-t-il vivre un long siècle !

SAMSTHANAKA

Laissez-moi fuir !

Il cherche à s'enfuir, mais des sonneries de trompette se font entendre et un groupe de nouveaux arrivants sous la conduite de Çarvilaka, des citadins et des soldats, lui barrent le chemin.

SCÈNE XIV

LES MÊMES, ÇARVILAKA, DES CITADINS, DES SOLDATS

LES SOLDATS

Aryaka, Aryaka ! Victoire !

TCHAROUDATTA, à Vasantasenâ.

Chère Vasantasenâ, est-ce bien vous que je revois ?

VASANTASENA

Oui, c'est bien la malheureuse Vasantasenâ.

TCHAROUDATTA

D'où êtes-vous venue, brillante comme une fleur baignée de larmes ? D'où êtes-vous venue, pour me ressusciter, comme un breuvage d'amour, au moment où je tombais au pouvoir de la mort ?

LE BRAHMANE, dans la foule.

La justice des dieux s'est manifestée dans un miracle.

DES VOIX

Miracle, miracle ! Vasantasenà !

VASANTASENA, à Tchâroudatta.

Pour être conduit au supplice, mon doux seigneur qu'aviez-vous fait ?

TCHAROUDATTA

Je vous avais lâchement étranglée, disait notre ennemi puissant.

VASANTASENA

Horreur ! C'est lui, c'est lui qui de ses mains tenta de m'arracher la vie. Laissée pour morte dans les jardins du roi, ce bon religieux m'a recueillie. (Elle désigne le religieux bouddhiste.)

TCHAROUDATTA

Quel est cet homme compatissant ?

LE RELIGIEUX

Je suis un serviteur de Bouddha, un croyant du grand amour. Hommage à Bouddha !

ÇARVILAKA, à Vasantasenà.

Madame, les bienfaits des dieux et les miracles accomplis par le courage des hommes se sont multipliés aujourd'hui.

VASANTASENA

Que voulez-vous dire ? Ferez-vous déborder nos cœurs qui sont comme des vases remplis de félicité ?

CARVILAKA

Le fils du bouvier triomphe. Le prédestiné a conquis la terre ! J'ai tué le roi...

DES VOIX, gagnant de proche en proche.

Arya, Aryaka !...

TCHAROUDATTA, à Vasantasena.

Mon bonheur est avec vous et dans la multitude.

SCÈNE XV

LES MÊMES, LE VITA, UNE FOULE HURLANTE

LE VITA

Aryaka le prédestiné proclame le règne de la justice.

DES VOIX unanimes.

Arya, Aryaka !...

ÇARVILAKA, avec mépris.

Ce peuple d'aboyeurs est resté le même.

SCÈNE XVI

LES MÊMES, UN CRIEUR

LE CRIEUR

Victoire à Aryaka, roi de la vaste terre couronnée de montagnes !

LA FOULE

Arya, Aryaka !

ÇARVILAKA, à Samsthânaka qui se cache.

Prince Samsthânaka, ne vous réjouirez-vous pas avec nous ? Cessez de vous cacher le visage sous votre manteau ; regardez le ciel heureux d'éclairer le bonheur des hommes.

SAMSTHANAKA, aux pieds de Tchâroudatta.

Protégez-moi !

DES VOIX

A mort, à mort !

SAMSTHANAKA

Protégez-moi !

TCHÂROUDATTA

Sécurité pour qui m'implore.

ÇARVILAKA

Juste Tchâroudatta, que ferons-nous de ce criminel ? Mon avis est qu'après l'avoir garotté on le livre aux chiens.

TCHÂROUDATTA

Non.

CARVILAKA

Qu'on l'abandonne aux jeux de la foule.

DES VOIX

A mort, à mort !

TCHAROUDATTA

Non.

CARVILAKA

Qu'on le coupe en morceaux avec une scie.

DES VOIX

A mort, à mort !

TCHAROUDATTA

Fera-t-on ce que je dirai ?

CARVILAKA

En tous points.

SAMSTHANAKA, se traînant aux genoux de Vasantasenâ.

Grâce, Vasantasenâ !

CARVILAKA

Que ferons-nous de lui ? Comment sera-t-il puni ?

TCHÂROUDATTA

Qu'il soit libre !

DES VOIX

Non, qu'il soit mis à mort.

ÇARVILAKA, à Tchâroudatta.

Et pourquoi ?

TCHÂROUDATTA

Nous ne frapperons pas avec le glaive un ennemi désarmé ; nous ne frapperons pas les méchants avec des armes méchantes ; mais dans le triomphe joyeux, à leurs crimes nous opposerons des bienfaits. (A Samsthânaka.) Mon ami, allez-vous-en.

ÇARVILAKA

Je vous admire et je vous dis ceci au nom d'Aryaka : Nous nous sommes emparés de la terre, mais vous avez conquis les cœurs ; gouvernez donc cette ville par le seul pouvoir de vos qualités.

TCHÂROUDATTA

Il est aussi pénible à l'homme généreux de commander que d'obéir. — Ce sera la fonction du victorieux Aryaka de défendre notre ville à la tête de ses guerriers contre toute agression. Pour moi, je ne désire rien, car ce qui pouvait m'être le plus agréable s'est accompli : J'ai pardonné à mes ennemis ; j'ai vu mes amis vainqueurs ; j'ai retrouvé ma bien-aimée.

Acclamations dans la foule. Çarvilaka jette un voile léger sur la tête de Vasantasenâ ; Tchâroudatta la pare avec la guirlande de jasmin qu'il portait. (A Vasantasenâ.) Et maintenant, ma fiancée, que rien ne nous sépare jamais. Voyez, ces fleurs funèbres sont devenues joyeuses.

LE RELIGIEUX

Hommage à Bouddha !

TCHÂROUDATTA

Et c'est ainsi : — le destin dépouille les uns pour enrichir les autres ; il élève ceux-ci et précipite ceux-là ; il nous montre que nous sommes dans ses mains comme une argile qu'il pétrit, et que la marche du monde n'est qu'une succession de phénomènes sans suite.

FIN DU CHARIOT DE TERRE CUITE

TABLE

	Pages
Préface	5
Bénédiction	51
Premier Acte	53
Deuxième Acte	97
Intermède	122
Troisième Acte	143
Quatrième Acte	179
Cinquième Acte	225

Abbeville, typ. et stér. A. Retaux.

www.ingramcontent.com/pod-product-compliance
Lightning Source LLC
Chambersburg PA
CBHW050320170426
43200CB00009BA/1401